# 오싹오싹 과학 미스터리

**❸ 좀비 아파트**

**글** | 국립과천과학관 정은경

과학과 인문학을 사랑하는 과학 커뮤니케이터로 국립과천과학관에서 과학 지식을 대중에게 쉽고 재미있게 전달하고 소통하는 일에 앞장서고 있습니다. 가천대 길병원 혈액종양내과에서 상임 연구원직을 맡았으며, 인간을 위한 과학을 탐구하고자 연세대학교 공학대학원에서 융합인문공학을 전공했습니다. 쓴 책으로는《과학이 톡톡 쌓이다! 사이다 2 : 인공지능》《2024 미래 과학 트렌드》(공저)가 있으며, 과학이 가져올 미래를 이야기하는 SF 작가를 꿈꿉니다.

**그림** | 김완진

대학에서 서양화를 공부하고 지금은 일러스트레이터로 활동하며 주로 어린이 책에 그림을 그립니다. 잊고 지내 온 어린 시절을 떠올리며 아이들과 마음을 나눌 수 있는 이야기를 그림으로 그리려고 노력합니다. 쓰고 그린 책으로《공룡 아빠》《하우스》《BIG BAG 섬에 가다》가 있고, 그린 책으로《세상에서 가장 가난한 편의점》《시간으로 산 책》《딱 하나만 더 읽고》《아빠는 잠이 안 와》《오늘 또 토요일?》《늙은 아이들》《슈퍼 히어로 우리 아빠》《일기 고쳐 주는 아이》외 다수가 있습니다.

**오싹오싹 과학 미스터리** 시리즈는

국립과천과학관의 과학자들이 전설과 신화 속 괴물 '뱀파이어, 키메라, 좀비, 미라'를 소재로 쓴 어린이 과학 동화입니다. 어린이들의 과학 문해력을 높이기 위해 어린이들이 궁금해하고 알아야 할 과학 지식을 오싹한 공포 이야기 속에 녹여냈습니다.

국립과천과학관 과학 미스터리 시리즈

# 오싹오싹 뇌 과학 미스터리

### ❸ 좀비 아파트

글 국립과천과학관 정은경 · 그림 김완진

상상아카데미

　과학은 상상력을 바탕으로 발전해 왔습니다. 그런데 이상하지 않나요? 과학과 상상력은 아예 다른 뜻을 가졌는데도 왜 서로 가깝게 느껴지는 걸까요?

　과학과 상상력에는 공통점이 있습니다. 인간이 아는 세계뿐만 아니라 알지 못하는 세계까지도 생각해 내는 힘이 있다는 것입니다. 한 예로 아인슈타인은 머릿속 상상 실험으로 상대성이론을 만들어 냈습니다. 이것을 '사고 실험'이라고 하는데요. 이처럼 상상력은 지식을 더욱 확장하는 힘이 되기도 합니다.

　또한 과학과 상상력은 인간의 욕구와 이상을 반영한다는 공통점이 있습니다. 하지만 과학의 본질은 잊어버리고, 개인의 욕심과 집단의 이익에만 치우친다면 어떻게 될까요?

　과학 기술을 소재로 한 영화나 드라마, 애니메이션을 보면 종종 과학자들이 등장합니다. 과학 기술을 정의롭게 사용하려는 과학자와 그와 반대로 자신의 욕망에만 사로잡힌 과학자가 서로 대립하고는 하지요. 인간이 어떤 목적으로 과학을 이용하느냐에 따라 과학은 이로울 수도, 해로울 수도 있을 것입니다. 이렇듯 과학은 양면성을 띱니다.

〈오싹오싹 과학 미스터리〉 시리즈의 세 번째 이야기에서는 '좀비'를 소재로 재미있는 뇌 이야기를 소개합니다. 사실 뇌를 과학적으로 연구하기 시작한 것은 150년 정도밖에 되지 않았습니다. 뇌에 대한 연구가 다른 생명 과학 분야에 비해 늦어진 이유는 현미경만으로는 관찰할 수 있는 것에 한계가 있었기 때문입니다.

무게 1.3~1.5킬로그램의 주름진 흰색 덩어리인 뇌에서 어떻게 생각이 나오고, 슬픔, 기쁨, 공포 등의 감정이 나오는 건지 알 수 없었습니다.

하지만 뇌를 연구하는 과학자들은 집요한 관찰 끝에 뇌세포를 발견했고, 꾸준한 연구를 통해 뇌가 하는 일을 알아냈습니다. 아직도 우리는 뇌에 대해서 아는 것보다 모르는 것이 많습니다. 때로는 뇌에서 만들어지는 감정의 소리를 자칫 잘못 받아 들이기도 합니다. 좀비 이야기를 통해 뇌에 대한 호기심을 깨우고 뇌를 이해하며 나만의 진정한 행복을 찾아가기를 바랍니다.

국립과천과학관 **정은경**

이유나

공포물과 모험을 좋아하는 여자아이.
겁이 없고 호기심이 많아 언제나 모험을 떠나고
싶어 한다. 할아버지가 만들어 준 홀로그램
시계를 늘 차고 다닌다.

김주영

유나의 오래된 소꿉친구.
먹을 것을 좋아하며 겁이 많아 무서울 때면
자기도 모르게 방귀를 뀐다. 유나와 같이 다니며
의도치 않게 무서운 경험을 많이 한다.

유나와 주영이의 친구.
무선 조종(RC) 장치를 만드는 것이 취미다.
미스터리한 이야기는 믿지 않지만 친구들을
위해 위험을 감수하며 모험에 뛰어드는
용감한 성격이다. 위기 상황에서도 침착하고
빠른 판단을 내린다.

우리나라 최고의 과학자.
유나의 할아버지로 아이들이 위험에 빠졌을 때
방대한 과학 지식으로 도움을 준다. 아이들을
좋아해서 어디든 함께 다니는 걸 즐긴다.

# 차례

여는 글     4
등장인물     6

## 1 은잠비 아파트의 비밀

이상한 초대장     12
영화관의 비밀     16
미스터리 아파트     25
할아버지의 등장     32

**오싹오싹 과학관** 미스터리를 밝혀라!
+ 좀비의 어원은 어디에서 왔을까요?     36
+ 좀비의 뇌는 어떻게 생겼을까요?     38

## 2 좀비 퇴치 작전

좀비는 물을 싫어해     42
탈출! 물바다 작전!     47
203호의 숨겨진 비밀     51
비장의 무기, 그 정체는?     55

**오싹오싹 과학관** 미스터리를 밝혀라!
+ 공수병에 걸리면 왜 물을 싫어할까요?     58
+ 무서운 감정은 어디에서 오는 걸까요?     60

## 3 좀비에 점령된 세상

| 유인 작전 | 64 |
| 대왕 좀비 매미 | 68 |
| 파란 셔츠를 입은 좀비 | 73 |

**오싹오싹 과학관** 미스터리를 밝혀라!
+ 좀비 매미는 진짜 존재할까요? 78
+ 신경 전달 물질이 기분을 좌우한다고요? 80

## 4 마지막 관문으로 가는 길

| 소리의 진동 | 84 |
| 환상의 정원 402호 | 90 |
| 비밀 통로를 찾아서 | 96 |

**오싹오싹 과학관** 미스터리를 밝혀라!
+ 거미는 왜 좀비가 되었을까요? 102
+ 환각 작용을 일으키는 식물이 있나요? 104

## 5 길은 반드시 있다

| 거미에게 잡혀간 종서 | 108 |
| 505호의 이상한 텔레비전 | 116 |
| 영화 속 영화 | 122 |
| 좀비 아파트, the end | 126 |

**오싹오싹 과학관** 미스터리를 밝혀라!
+ 포유류의 뇌를 조종하는 기생충이 있다고요? 128
+ 사람의 뇌에도 좀비 세포가 있다? 130

# 1

# 은잠비 아파트의 비밀

# 이상한 초대장

오늘은 나에게 아주 중요한 날이야. 요즘 너무 지루한 나날을 보내고 있었는데, 드디어 기다리던 공포 영화를 보러 가게 됐거든. 아, 생각만 해도 두근거려!

"오늘은 안 돼. 종서랑 영화관에 가기로 했단 말이야."

마침 종서가 우리를 발견하고는 손을 흔들며 뛰어왔어.

"유나야, 내가 늦은 건 아니지? 오, 주영이도 있었네. 주영이 너도 같이 가는 거야?"

### 오싹오싹 4D 영화관에 초대합니다.

현실과 가상을 구분할 수 없는 오싹오싹 4D 영화관!
특별하고 오싹한 공포 영화를 즐겨 보세요.
단, 혼자서는 입장할 수 없습니다.

8월 13일 금요일 오후 2시, 상영관 3

*팝콘과 음료 무료 제공*

주영이는 초대권을 보더니 고개를 절레절레 흔들었어.

"오싹한 공포 영화? 윽, 이런 건 내 취향이 아니야. 그냥 너희끼리 다녀와."

"거봐. 역시 그럴 줄 알았어."

주영이는 겁이 정말 많거든. 종서는 이해할 수 없다는 듯한 표정으로 주영이를 설득했어.

"무료 영화에 음료랑 팝콘까지 준다는데 왜 안 가? 영화가 너무 무서우면 팝콘 먹으면서 눈 감고 있으면 되잖아."

종서의 말에 주영이의 눈빛이 살짝 흔들렸어.

## 영화관의 비밀

초대장에 그려진 약도대로 골목길을 따라 10분쯤 걸었을까? 영화에서나 볼 법한 특이한 건물이 눈앞에 나타났어.

"여기가 오싹오싹 4D 영화관인가 봐! 와, 으스스해!"

나는 영화관의 음산한 분위기에 들떠 말했어. 공포 영화를 보기 딱인 곳이었거든!

뿡! 뿡! 주영이는 잔뜩 굳은 얼굴로 영화관을 올려다보며 방귀를 뀌었어.

"내가 잘못 생각했나 봐. 역시 집에 가는 게 나을 것 같아."

꼬르륵, 꼬르륵!

영화관에서 퍼져 나온 팝콘 냄새에 주영이의 배가 요란하게 울렸어. 그런 주영이를 보며 종서가 재빨리 말했어.

"주영이 너, 배고프지? 어서 들어가자. 아니다 싶으면 언제든지 나오면 되잖아. 음, 맛있는 팝콘 냄새!"

주영이와 나는 손을 잡아끄는 종서에게 이끌려 영화관으로 들어갔어. 입구에 들어서자 내 심장은 콩닥콩닥 뛰었어.

으스스한 외관과 달리 영화관 내부는 의외로 평범했어. 매표소에 다가가니 검은 마스크를 쓴 직원이 아무 말 없이 우리를 바라보며 손을 내밀었어.

"초… 초대권을 드리면 되나요?"

나는 얼른 초대권을 꺼내 직원에게 건넸어. 조용히 초대권을 확인한 직원은 우리에게 팔찌와 팝콘, 음료수를 나눠 줬어. 가장 먼저 팔찌와 음료수를 받은 종서가 영화관을 구경하며 말했어.

"유나야, 주영아. 이쪽인가 봐! 화살표가 있어!"

우리는 바닥에 표시된 화살표를 따라 조심스럽게 걸어갔어. 어두운 복도를 지나자 상영관 1, 상영관 2, 상영관 3이라고 적힌 세 개의 문이 보였어. 우리는 초대장에 적힌 대로 상영관 3으로 발걸음을 옮겼어.

주영이는 상영관에 들어와서도 계속 투덜거렸어.

"이 영화관은 안내하는 직원도 없고, 진짜 불친절하다. 앞으로는 절대 안 올 거야. 너희 말을 듣는 게 아니었어…."

"겁쟁이 김주영. 어차피 영화는 다 만들어 낸 이야기잖아."

참다못한 내 말에 종서도 한마디 덧붙였어.

"그래, 주영아. 의자에 편하게 앉아서 팝콘 먹다가 졸리면 자면 되지. 집에 있는 것보다 백 배 나을걸? 난 여기 매일 오고 싶어."

우리는 화면이 잘 보이는 곳에 자리를 잡고 앉아 주위를 두리번거렸어. 상영관은 생각보다 크지 않았어.

"왜 아무도 안 오지? 사람들이 많아야 덜 무섭단 말이야."

주영이는 무섭다고 투덜거리면서도 쉴 새 없이 팝콘을 먹느라 바빴어. 종서는 그저 콧노래를 흥얼거리며 바스락바스락 팝콘을 집어 먹었어.

갑자기 주영이가 팝콘을 먹다 말고 얼음처럼 굳었어. 영화관의 조명이 꺼지고 나지막한 음악이 흘러나오기 시작했거든. 으스스한 기운에 나도 소름이 쫙 끼쳤지. 곧이어 화면이 켜지고, 영화 시작을 알리는 자막이 떠올랐어.

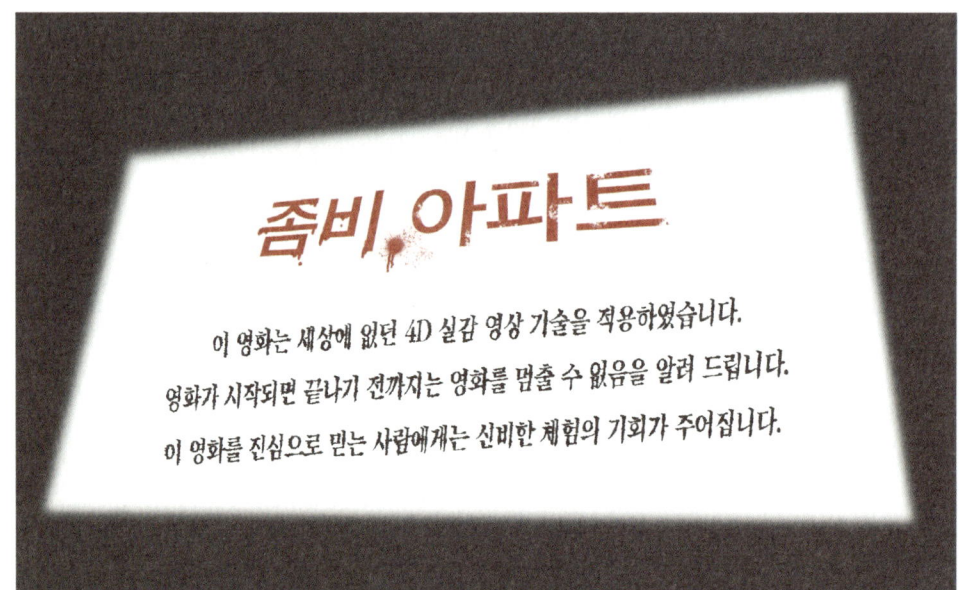

"뭐야. 끝나기 전까지진 무서워도 나갈 수 없는 거야?"

"그냥 말이 그렇겠지. 너무 걱정하지 마."

주영이는 종서의 말에 고개를 끄덕였어.

어느새 화면에는 안내문이 사라지고 빨간색으로 또렷하게 적힌 '좀비 아파트'라는 제목만 남아 있었어.

"와! 드디어 시작하나 봐. 어떤 내용일지 너무 궁금해!"

좀비 아파트라니! 나는 잔뜩 기대에 부풀었어. 난 공포 이야기 중에서도 좀비 이야기를 무지무지 좋아하거든!

나는 눈앞의 광경을 보고도 믿을 수가 없었어. 정말 영화 속으로 들어온 기분이었거든!

"이게 바로 실감 영상 기술인가 봐. 진짜 같은데!"

새로운 경험을 할 생각에 신난 나와 달리 주영이는 떨리는 목소리로 말했어.

"도대체 여… 여긴 어디지? 유나야, 우리 영화 보고 있는 거 맞지? 어, 그런데 종서는 어디 있어? 종서야!"

주영이의 말대로 종서가 보이지 않았어.

"종서는 우리랑 같이 안 온 것 같아. 어디로 간 거야…. 종서야! 나종서!"

우리는 목청껏 종서를 불러 보았지만, 아무런 대답도 들리지 않았어. 종서는 무사한 걸까?

"주영아, 안 되겠어. 우선 주변을 먼저 살펴보자."

"유나야, 나 살살 배가 아프려고 해."

뿌우우웅. 주영이는 배를 움켜잡은 채 방귀를 뀌었어.

"우리 이제 영화 끝내 달라고 하자. 여기 너무 이상하고 무서워."

이게 얼마 만의 공포 체험인데, 절대 그냥 끝낼 순 없지.

# 미스터리 아파트

아파트 입구는 두꺼운 먼지와 끈적끈적한 거미줄로 온통 뒤덮여 있었어. 주변에는 나무와 풀이 제멋대로 자라 있어서 더 으스스했지. 입구 옆에는 낡은 팻말 하나가 걸려 있었어. 주영이는 팻말에 적힌 글씨를 소리 내어 읽었어.

"은… 잠… 바 아파트? 무슨 아파트 이름이 은잠바야?"

나는 팻말에 뿌옇게 쌓인 흙먼지를 손으로 툭툭 털어내고 다시 자세히 들여다봤어.

"은잠바가 아니라 은잠비잖아."

"은잠바든 은잠비든 둘 다 이름이 이상한 건 같잖아!"

그때 아파트 505호 편지함에 꽂혀 있는 빨간색 편지가 눈에 띄었어.

"어? 여기 사람이 사나 봐. 편지가 있어."

편지를 살펴보던 주영이의 눈이 휘둥그레졌어.

"김주영, 이유나? 받는 사람이 우리 이름이랑 똑같아."

"에이, 그럴 리가."

"진짜야! 편지 봉투에 우리 이름이 적혀 있다니까?"

우리는 조심조심 봉투를 열어 보았어. 안에는 편지가 한 장 들어 있더라고. 아무래도 우리 편지가 맞는 것 같아.

뿡! 뿡! 주영이는 편지를 보자마자 방귀를 뀌어 댔어.

그러더니 허공을 향해 크게 소리쳤어.

> 좀비들이 사는 은잠비 아파트에 온 것을 환영한다.
> 무사히 영화에서 빠져나오려면
> 아파트 505호로 가서 영화를 끝내야 한다.
> 만약 좀비에게 물릴 경우,
> 너희들은 영원히 영화에서 빠져나오지 못할 것이다.

"저기요! 제 말 들리세요? 영화 좀 끝내 주세요! 이제 영화 안 봐도 돼요. 집에 갈래요, 집이요!"

주영이는 몇 번이나 크게 소리를 질렀어. 주영이 목소리가 이렇게 큰 줄 처음 알았다니까! 그 순간 멀리 수풀 사이에서 부스럭부스럭 무언가가 움직였어.

"쉿. 주영아, 조용히 해 봐. 저게 뭐지?"

나는 숨죽인 채 수풀 쪽을 바라봤어.

조... 좀비잖아!

얼굴이 창백하고 관절이 징그럽게 꺾인 것을 보니 좀비가 틀림없어! 진짜 좀비가 나타난 거야! 온몸이 얼어붙는 것 같았어. 그런데 이상하지? 평소라면 무섭다며 소리를 질렀을 주영이가 조용한 거야. 혹시 너무 겁이 나서 기절한 건 아닐까 싶어 주영이를 살펴봤더니, 두 눈을 꼭 감은 채로 꼼짝 않고 서 있지 뭐야.

"주영아? 지금 뭐 하는 거야?"

"나 너무 무서워. 눈 꼭 감고 영화가 끝나기를 기다릴 거야. 어서 끝나라…. 제발 끝나라…."

나는 중얼거리는 주영이의 어깨를 다급하게 흔들며 외쳤어.

"이러다 우리도 좀비가 될 거야. 좀비가 바로 앞에 있다고! 당장 피해야 해!"

그 순간 좀비가 으르렁대며 우리를 향해 달려오기 시작했어. 주영이와 나는 혼비백산해서 아파트로 뛰어갔어. 그리고 입구와 가장 가까운 105호 문을 벌컥 열고 들어갔지.

가쁜 숨을 몰아쉬며 내부를 둘러봤어. 찢어진 소파와 깨진 전등, 먼지와 거미줄로 온통 엉망이더라고.

여긴 오랫동안 사람이 살지 않은 집이 분명했어.

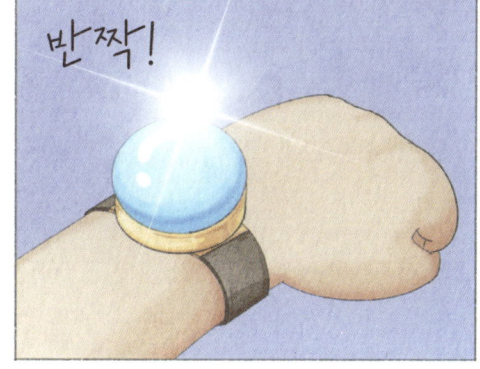

"아! 여기서 탈출할 수 있도록 할아버지께 도와달라고 하자. 그럼 이 영화를 끝내고 집으로 돌아갈 수 있을 거야."

할아버지를 부르기 위해 시계의 버튼을 누르는 순간 방 안에서 와장창하고 무언가 무너지는 소리가 났어.

"방 안에 누가 있나 봐."

나는 살금살금 소리가 난 방문 앞으로 다가갔어. 낡은 문틈 사이로 조심스럽게 안을 들여다보니 덩치 큰 남자가 등을 보인 채 서 있는 거야! 그때 갑자기 남자가 고개를 홱 돌렸어. 나는 너무 놀라 소리를 지를 뻔했지.

남자의 얼굴은 용암이 녹아내린 것처럼 벌겋고, 피부가 군데군데 벗겨져 있었어. 그보다 더 놀란 건 남자가 등을 보인 채 선 자세로 목만 180도 돌려서 이쪽을 쳐다본 것이었어. 저건 좀비잖아!

"주, 주영아. 바, 방 안에 조, 좀비가 있는 거 같아. 좀비가 이쪽으로 나오기 전에 얼른 밖으로 나가자."

우리는 몸을 덜덜 떨며 현관문으로 급히 걸음을 옮겼어.

"유나야, 잠깐만. 밖에 아까 우리를 쫓아온 좀비들이 있으면 어떡해?"

나는 안전 고리를 건 채로 현관문을 살짝 열어 보았어. 그 순간, 현관문 사이로 여러 개의 좀비 손들이 쑤욱쑤욱 들어오는 거야. 주영이는 소리를 지르며 뒤로 나자빠졌어.

"으악! 밖에 좀비들이 한둘이 아닌 것 같아."

## 할아버지의 등장

현관문 밖에서는 거친 숨소리가 들렸어. 수십 개의 손이 쉴 새 없이 현관문 틈을 비집고 들어왔어. 다행히 안전 고리 덕분에 문이 더 열리지는 않았어.

"빨리 할아버지를 불러야겠어. 할아버지, 도와주세요!"

나는 떨리는 손으로 시계의 버튼을 힘껏 눌렀어. 그러자 푸르스름한 빛과 함께 손에 전기 모기 채를 든 할아버지가 나타났어. 할아버지는 주위를 두리번거렸어.

"주영이랑 종서랑 영화관에서 좀비 영화를 보고 있었는데, 몸이 쑥 빨려 들어가는 느낌이 들더니 이 아파트 앞이었어요."

"여기 좀비들이 사는 좀비 아파트래요! 뿡!"

할아버지는 머리를 긁적였어.

"허, 모기 잡다가 좀비 잡으러 올 줄은 상상도 못했구나."

그때, 방문이 쿵쿵거리며 흔들리기 시작했어. 주영이는 할아버지에게 매달려 울먹였어.

"할아버지, 저 방에 좀비가 있어요. 왜 그러는지는 모르겠지만 밖으로 나오지는 않고 저렇게 계속 문만 두드려요."

"좀비라…. 좀비의 뇌는 대부분 손상된 상태인데, 대뇌피질이라는 부분이 손상되면 이성적으로 판단하지 못한단다. 그래서 문고리를 돌려 문을 열어야겠다고 생각하지 못하는 것이겠지. 그렇지만 혹시 모르니 거실로 나오지 못하도록 고정할 만한 걸 찾아보자."

할아버지는 소파를 끌어와 방문을 막았어. 이젠 좀비가 거실로 나오긴 어려울 거야.

"현관문 밖의 좀비들은 어떡하죠, 할아버지?"

나는 좀비들이 안전 고리를 부수고 들어올까 봐 무서웠어.

"안 되겠다. 현관문을 꽉 닫아야겠다."

할아버지가 좀비들의 손에 전기 모기 채를 갖다 대자 파지직 하는 소리와 함께 타는 냄새가 코를 찔렀어. 좀비들은 손을 덜덜 떨며 하나둘씩 현관문에서 손을 빼기 시작했어.

"지금이야!"

우리는 그 틈을 놓치지 않고 재빨리 문을 꽉 닫아 버렸어.

"할아버지! 아까 우리 이름이 적힌 편지를 발견했어요. 505호로 가면 영화를 끝낼 수 있다고 적혀 있었어요."

나는 얼른 편지를 펼쳐 보았어. 그런데 전에 있던 글자는 온데간데없고, 새로운 내용이 쓰여 있는 거야!

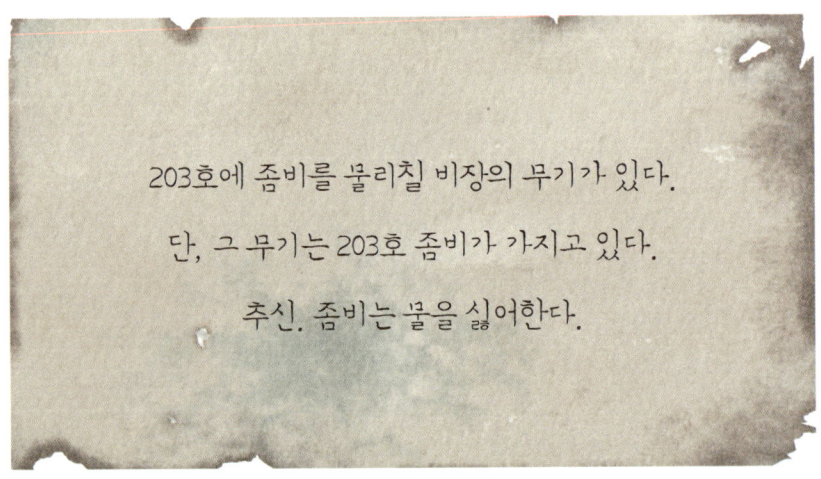

203호에 좀비를 물리칠 비장의 무기가 있다.
단, 그 무기는 203호 좀비가 가지고 있다.
추신. 좀비는 물을 싫어한다.

"어라? 아깐 분명히 505호로 가야 한다고 적혀 있었어요!"

"흠, 505호까지 가려면 밖에 있는 좀비들과 싸울 수밖에 없겠구나. 편지 내용대로 203호로 가서 무기를 구해야겠어."

할아버지의 말에 주영이는 울먹거리며 말했어.

"밖에 좀비가 저렇게나 많은데 어떻게 밖으로 나가요? 전 안 갈래요. 그냥 여기서 기다리고 있을게요."

그 순간 방문이 쾅! 하고 세차게 울리며 문짝이 떨어져 나갈 듯 흔들렸어. 주영이는 깜짝 놀라 할아버지의 팔에 바짝 매달렸어.

## 오싹오싹 과학관 미스터리를 밝혀라!

### Q. 좀비의 어원은 어디에서 왔을까요?

'좀비'라는 말은 요괴나 신을 뜻하는 콩고어인 '은잠비(Nzambi)'라는 단어에서 왔어. 과거에 아이티로 끌려간 콩고 노예들이 이상한 약에 취한 사람을 보고 '은잠비'라고 부르기 시작했는데, 그 말이 변해서 '좀비'가 된 거야.

하버드 대학교에서 민속식물학을 연구한 웨이드 데이비스 박사는 1985년 자신의 책 《나는 좀비를 만났다(The Serpent and the Rainbow)》에 좀비가 되었다가 도망친 사람의 이야기를 실었어. 그는 아이티의 부두교 사제들이 복어 독을 사용해 사람을 좀비처럼 만들었다고 설명했지.

복어에는 테트로도톡신(Tetrodotoxin, TTX)이라는 아주 강한 독이 있어. 단 2밀리그램만으로 사람이 목숨을 잃을 수도 있어. 1그램이면 500명이 죽을 수도 있어. 심지어 220도로 가열해도 독성이 사라지지 않아. 이 독을 먹으면 20분에서 3시간 안에 몸이 마비되고, 숨 쉬기 힘들어지면서 혈압이 낮아지다가 심하면 죽음에 이르게 돼.

그렇다면 부두교의 사제들은 어떻게 사람을 좀비로 만들었을까? 복어 독을 먹고도 죽지 않고 살아 있는 좀비 말이야. 부두교 사제들은 사람이 죽지 않을 정도로 아주 적은 양의 독을 사용했어. 그러면 몸이 마비되어 죽은 것처럼 보이지만, 사실은 살아 있는 상태가 되는 거야. 하지만 뇌에 산소가 부족하면 기억을 잃거나 스스로 생각하지 못하는 상태가 돼. 그래서 정말로 좀비처럼 행동하는 거지.

일본 도호쿠 대학교의 가베시 야스모토 교수는 사람을 좀비처럼 만들 수 있는 테트로도톡신의 적정량을 연구했어. 연구에 따르면 1.1마이크로그램 이하의 아주 적은 양을 먹으면 죽은 것처럼 보이다가 다시 살아나는 상태가 될 수도 있대.

## 오싹오싹 과학관
## 미스터리를 밝혀라!

### Q. 좀비의 뇌는 어떻게 생겼을까요?

우리 뇌의 40퍼센트는 대뇌피질이 차지하고 있어. 회백색의 대뇌피질에는 주름이 많아서 표면적이 넓지. 이곳에는 신경 세포들이 모여 있고, 중요한 기능을 담당해. 대뇌피질은 전두엽, 측두엽, 두정엽, 후두엽으로 나뉘어 있는데, 이 영역들은 각각 다른 기능을 하지.

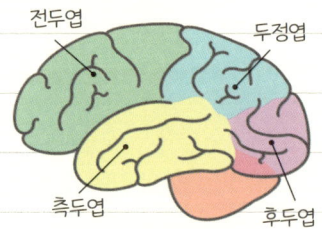

**뇌를 다치면 성격이나 행동이 바뀔 수 있단 사실, 알고 있니?**

1848년, 미국 버몬트주의 철도 건설 현장에서 일하던 피니어스 게이지는 다이너마이트 폭발 사고로 쇠막대가 왼쪽 뺨에서 오른쪽 윗부분 머리를 관통하는 사고를 겪었어. 다행히 목숨에는 지장이 없었지만 게이지는 전혀 다른 성격으로 변했어. 원래 성실하고 참을성 있는 사람이었지만, 사고 이후에는 화를 자주 내고 일을 끈기 있게 하지 못해서 결국 직장에서 해고됐대.

　이유는 전두엽이 손상되었기 때문이야. 전두엽은 뇌의 앞쪽에 있어. 인간의 뇌 중에서 전두엽이 가장 발달했는데, 이 부분은 집중력, 계획, 운동, 감정 조절, 문제 해결 같은 고차원적인 사고를 담당해. 전두엽이 잘 발달해야 복잡한 문제를 해결하거나 계획을 세울 수 있고, 감정을 잘 조절할 수 있어. 그래서 전두엽을 다치면 성격이나 행동이 많이 바뀌게 돼.

　좀비는 문조차 제대로 열 수 없을 정도로 문제 해결 능력이 부족해. 본능만으로 움직이지. 고차원적인 사고를 못하고 폭력적이면서, 기본적인 감정 조절조차 할 수 없는 좀비의 뇌는 대뇌피질 중 전두엽이 손상된 상태일 가능성이 커!

# 2 좀비 퇴치 작전

# 좀비는 물을 싫어해

'좀비는 물을 싫어한다.'

편지에 적혀 있던 힌트가 도돌이표처럼 내 머릿속을 계속 맴돌았어.

"할아버지, 좀비는 왜 물을 싫어할까요?"

내 질문에 할아버지는 머리를 긁적였어.

"정확한 이유는 나도 모르겠구나. 하지만 비슷하게 물을 무서워하게 되는 병이 있긴 하지."

"물을 무서워하게 되는 병이 있다고요?"

주영이는 멋쩍은 표정으로 창피한 듯 웃었어.

"헤헤. 그럼 물을 무서워하게 되는 병은 뭐예요?"

"'공수병'이라는 병이란다."

"공수병이요?"

"너희 혹시 광견병이라고 들어 봤니?"

"네! 공원에 광견병 예방약이 뿌려져 있는 걸 봤어요."

주영이가 자신 있게 대답했어.

"그래. 사람이 감염되면 '공수병'이라고 하고, 동물이 감염되면 '광견병'이라고 한단다. 바이러스가 원인인데, 감염된 개, 고양이, 너구리 같은 동물의 침을 통해 사람에게 옮겨질 수도 있는 병이지."

"아하. 공수병이랑 광견병은 같은 거구나."

"맞아. 이 바이러스가 사람에게 들어오면 뇌가 손상되어 몸이 마비되거나 환청이 들리고, 감정 조절이 어려워지면서 공격적으로 변해. 물을 싫어하고 침을 많이 흘리는 증상도 나타나지."

"침을 많이 흘리고 공격적인 게 좀비와 비슷하잖아요! 그러면 좀비도 이 바이러스에 감염된 거예요?"

"글쎄다. 그건 알 수 없어. 주영이 네 말대로 증상은 비슷하지만 좀비에게서 이 바이러스를 확인한 건 아니니까. 하지만 좀비에게 물리면 우리도 좀비처럼 뇌를 조종당하게 되는 걸 보면, 감염으로 전염되는 건 확실하지."

나도 할아버지를 따라 과학적으로 생각해 보려고 했어.

"할아버지, 좋은 생각이 떠올랐어요. 화장실과 싱크대의 물을 전부 틀어 놓는 거예요!"

주영이는 이해할 수 없다는 듯 고개를 갸우뚱거렸어.

"그러면 물이 넘치잖아."

"맞아! 바로 그거야. 물이 넘쳐서 복도까지 흘러가면 좀비들이 도망가지 않겠어? 물을 싫어하니까!"

할아버지는 엄지를 척 올리며 윙크했어.

"아주 좋은 생각이야!"

그제야 주영이도 안도의 한숨을 쉬었어.

"휴, 우리 살 수 있는 거야? 희망이 보여!"

우리는 화장실과 싱크대로 달려가 물이 빠져나가지 못하도록 하수구 구멍을 꼼꼼히 막았어. 그리고 수도꼭지를 끝까지 올려서 물이 콸콸 쏟아지게 했어.

그때, 주영이가 할아버지와 나를 막아서며 말했어.

"할아버지, 물은 아래로 흐르잖아요. 물이 없는 위층에는 좀비들이 있을 거예요!"

"아차, 그 생각을 하지 못했구나. 그냥 나갔으면 정말 큰일 날 뻔했어."

할아버지의 칭찬에 주영이는 어깨를 으쓱했어.

"주영이 너 대단하다. 네가 아니었으면 좀비에게 물렸을 거야."

내 칭찬까지 더해지자 주영이는 손가락으로 브이 자를 그리며 활짝 웃었어. 무서워서 뿡뿡 방귀만 뀌던 주영이가 조금은 어른스러워진 모습이었지.

"물을 담아서 가야겠구나. 다들 마음 단단히 먹으렴!"

우리는 물통에 물을 가득 담아 다시 밖으로 나갈 준비를 했어.

# 탈출! 물바다 작전!

어차피 물러설 수 없는 상황이라는 생각이 들자 가슴속에서 뜨거운 용기가 솟아올랐어. 우리는 온 힘을 다해 문을 열어젖혔어.

"어라, 아무도 없네? 좀비들이 다 도망갔나 봐."

온통 물바다가 된 복도에는 고요한 정적만 감돌았어.

"휴, 다리가 왜 이렇게 후들거리지?"

주영이는 두 손으로 떨리는 다리를 꼭 움켜잡고 한 발 한 발 조심스럽게 내디뎠어.

"바닥이 미끄러우니 조심해서 날 따라오렴."

우리는 할아버지를 뒤따라가다 놀라서 소리를 지를 뻔했어. 2층으로 올라가기 위해 코너를 도는 순간, 계단에 검은 물체들이 꿈틀거리며 움직이는 게 보였거든.

"좀비야! 멈춰."

좀비들은 우리를 발견하자 컹컹거리며 덤벼들었어. 할아버지는 물통에 담아 온 물을 좀비에게 뿌렸어.

좀비들은 비명을 지르며 몇 걸음 뒤로 물러났어. 하지만 이 방법으로 모든 좀비를 막기엔 물이 턱없이 부족했지.

"안 되겠다. 좀비들을 뚫고 위로 올라가는 건 무리야. 다시 돌아가자."

다시 105호로 돌아가려는데 복도에 물이 말라가는 것이 보였어. 우리가 틀어 놓았던 물이 더 이상 흘러나오지 않는 거야.

"할아버지, 물이 다 마르고 있어요. 어떡하죠?"

눈앞이 캄캄해졌어. 이젠 되돌아갈 수도, 위층으로 올라갈 수도 없었지.

"어쩔 수 없구나. 유나야, 주영아. 나를 따라 하렴. 남은 물을 전부 머리 위로 부어서 온몸을 적셔."

할아버지는 남은 물을 머리 위로 쏟아붓고 천천히 계단을 올라갔어. 우리도 몸을 흠뻑 적신 채 할아버지를 뒤따라갔어.

"우아! 좀비들이 우리를 피해 길을 터 주잖아?"

주영이가 들뜬 목소리로 말했어.

"할아버지의 작전이 통했어! 주영아, 빨리 위로 올라가야 해! 물이 마르면 좀비들이 다시 달려들 거야."

우리는 재빨리 계단을 뛰어올라 203호를 향해 달렸어. 뒤에서는 좀비들이 쫓아오고 있었어. 우리 몸에 뿌린 물도 빠르게 마르고 있었지. 잡히면 끝이야! 할아버지가 203호 현관문 손잡이를 잡아당기자 스르르 문이 열렸어.

"애들아, 얼른 들어오렴!"

우리는 급히 안으로 뛰어들었어. 오랫동안 사용하지 않았는지 문을 닫으려니까 삐걱하고 귀를 찌르는 소리가 났어. 뒤따라온 좀비들은 문 앞에 모여 쿵쿵거렸어.

"좀비들이 또 많이 몰려온 것 같아요. 그래도 아무도 물리지 않아서 다행이에요."

내가 안도하는 사이에 주영이가 많이 놀랐는지 바닥에 주저앉아 멍하니 허공을 보며 울먹였어.

"엄마 보고 싶어요. 할아버지, 저 좀 집에 데려다주세요. 이런 영화 너무 싫어요."

할아버지는 안타까운 눈빛으로 주영이를 꼭 안아 줬어. 그러고는 주머니 속 행복 초코바를 꺼내 건넸어.

"다행히 주머니에 이게 있었구나. 내가 좋아하는 건데 먹어 보렴."

닭똥 같은 눈물을 흘리던 주영이는 초코바를 보더니 소매로 눈물을 훔쳤어.

"제가 제일 좋아하는 행복 초코바예요."

주영이는 행복 초코바를 받아 들고는 부리나케 포장을 뜯으려다 나와 눈이 마주쳤어. 그러더니 초코바를 세 등분해서 할아버지와 나에게 나눠 주는 거야.

"네가 웬일이야? 먹을 것도 나눠 주고?"

"행복은 나누면 배가 된대. 앗? 벌써 다 먹었네."

행복 초코바를 단숨에 먹어치운 주영이는 입맛을 쩝쩝 다시며 아쉬워했어. 주영이 덕분에 우리는 잠시나마 웃을 수 있었어.

## 203호의 숨겨진 비밀

"컹! 컹컹컹!"

"앗! 깜짝이야! 개가 짖는 소리 같은데…. 어디서 나는 소리지?"

어디선가 개가 사납게 짖는 소리가 나더니 연이어 와장창 창문이 깨지는 소리가 났어. 깜짝 놀라 베란다 쪽을 바라보니 갈색 털과 검은색 털이 섞인 개 한 마리가 우리 쪽으로 다가오고 있었어. 거친 숨을 몰아쉬며 헐떡이는 입에서는 끈적한 침이 줄줄 흘렀고, 눈에서는 녹색 광선이 번쩍거렸어.

"좀비 개야. 절대 물리면 안 돼."

할아버지가 우리 앞을 막아서며 주변을 살폈어. 나도 쓸 만한 무기가 있는지 찾아봤지만 딱히 쓸 만한 게 없더라고. 잔뜩 흥분한 좀비 개는 뾰족한 송곳니를 드러낸 채로 우리를 향해 성큼성큼 다가왔어.

"할아버지, 위험해요!"

내 비명에 할아버지는 우리를 힘껏 끌어안았어.

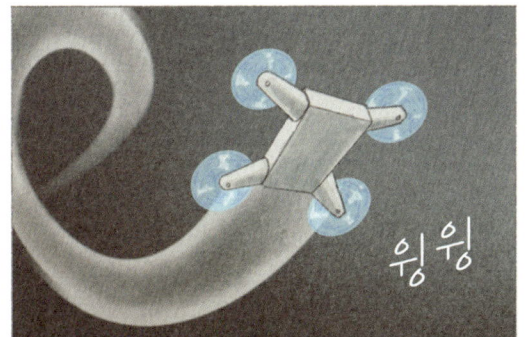

"종서야! 어떻게 된 거야? 도대체 어디에 있었어?"

"나는 처음부터 쭉 영화관에 앉아서 너희 모습을 보고 있었지. 영화에 너희가 나오길래 그냥 신기한 기술이라고 생각했는데, 영화를 보면 볼수록 진짜 같은 거야! 그러다가 좀비 개가 나타났을 때, 너희가 위험하겠다는 생각이 들어서 드론을 꺼내 화면으로 날렸단 말이야? 그때 갑자기 몸이 붕 뜨더니 나도 영화 속으로 빨려 들어왔어!"

"정말 너 아니었으면 꼼짝없이 좀비 개의 밥이 될 뻔했어."

"그런데 어떻게 개를 물리친 거야? 윙윙 소리가 나던데."

주영이의 물음에 종서는 드론을 보여 주었어.

"드론으로! 이 드론은 내가 만든 건데 날개가 강하고 날카로워서 호신용으로도 쓸 수 있어."

종서는 비행기, 드론, 헬리콥터, 자동차 같은 무선 조종 모형을 만드는 걸 좋아해. 학교에서 열린 무선 자동차 경주 대회에서 1등을 했을 정도로 잘 만들기도 하고.

이제 종서까지 왔으니 힘을 합칠 수 있을 거야. 다시 용기가 생기는 것 같았어.

## 비장의 무기, 그 정체는?

"어라? 개가 목걸이 같은 걸 하고 있어."

할아버지가 바닥에 쓰러져 끙끙거리는 개에게 조심스럽게 다가가 목에 걸린 작은 유리병을 벗겨 냈어.

종서가 골똘히 생각하더니 말을 이었어.

"내가 영화를 보면서 생각한 건데, 좀비들은 시력이 안 좋은 것 같아. 자꾸 벽에 부딪히더라고. 그런데 어떻게 우리를 쫓아올 수 있었을까?"

"음…, 냄새!"

나와 주영이는 약속이라도 한 듯 동시에 외쳤어.

"어쩐지 킁킁거리면서 동물처럼 냄새를 맡더라."

"그러고 보니 우리가 이 병을 열고 나서 좀비들이 더 많이 모여든 것 같아. 소리가 점점 커지고 있어!"

주영이는 의아한 표정으로 유리병 속 액체를 쳐다보았어.

"그럼 이건 비장의 무기가 아니라 오히려 좀비들을 모이게 하는 위험한 물건이잖아! 우리를 좀비로 만들려는 작전 아니야? 빨리 밖에 버려야 해!"

할아버지는 고개를 가로저으며 미소를 지었어.

"모든 건 생각하기 나름이란다. 오히려 이 액체를 이용해 유인 작전을 쓸 수 있지. 뭐든지 한 가지로만 단정 짓지 말고 가능성을 열어 둬야 해. 그렇게 하면 쓸모없는 것도 쓸모 있는 것으로 바꿀 수 있단다."

우리는 모두 고개를 끄덕였어. 나는 다시 편지를 펼쳤어. 그러자 편지의 내용이 또다시 바뀌었어.

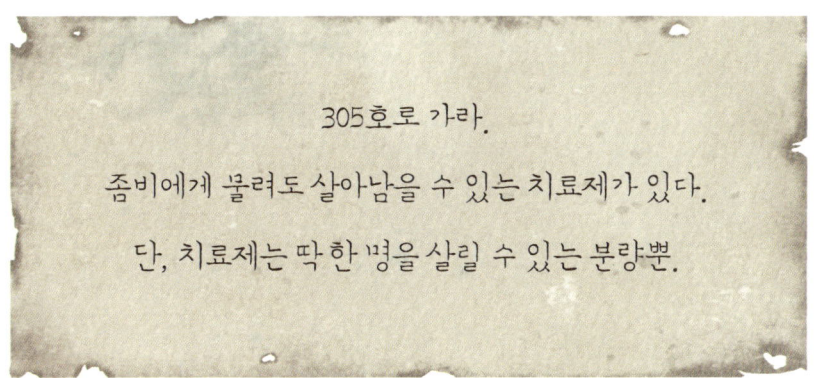

305호로 가라.
좀비에게 물려도 살아남을 수 있는 치료제가 있다.
단, 치료제는 딱 한 명을 살릴 수 있는 분량뿐.

"이번엔 305호로 가야겠구나. 이 액체로 좀비를 유인하고, 우리는 그 틈을 타서 3층으로 올라가는 거야. 모두 잘할 수 있겠지?"

우리는 고개를 끄덕였어. 할아버지가 작전 회의를 마치자 종서가 한 손을 앞으로 내밀었어. 나와 주영이, 할아버지도 차례대로 손을 포개어 쌓았어.

"파이팅!"

로켓이 발사되듯 에너지가 솟아오르는 것 같았어.

## 오싹오싹 과학관 미스터리를 밝혀라!

**Q. 공수병에 걸리면 왜 물을 싫어할까요?**

좀비의 가장 큰 특징은 침을 흘리면서 눈에 보이는 것을 물어뜯어 전염시키는 것이야. 또 물을 싫어하고 공격적인 성향을 보이지. **공수병에 걸려도 이런 증상을 보여. 광견병이라고도 부르는 공수병의 원인은 레이비즈 바이러스 때문이야.**

바이러스에 감염된 동물이 사람을 물면, 바이러스가 중추 신경계(뇌와 척수)로 이동하면서 뇌에 손상을 일으켜서 정상적인 사고를 하지 못하게 조종하는 것처럼 행동을 바꿀 수도 있어.

레이비즈 바이러스에 감염되면 크게 두 가지 증상이 나타나.

① **공격적으로 변하는 증상:** 감염된 사람이나 동물이 폭력적으로 변하고, 무언가를 물어뜯으려 할 수도 있어.

② **몸이 마비되는 증상:** 근육이 마비되어 몸을 움직일 수 없고, 혼수 상태에 빠지기도 해.

이외에도 목과 호흡 근육이 경련을 일으켜서 물을 마시지 못하고, 환자의 80퍼센트가 물을 두려워하는 증상을 보인다고 해. 또 뇌가 자극을 받아서 빛, 소리, 바람 같은 외부 자극에도 과민 반응을 일으켜서 얼굴에 바람이 닿는 것만으로도 경련이 일어나. 게다가 침을 삼키지 못해서 입 밖으로 흘리게 돼. 그래서 이 바이러스는 침을 통해 쉽게 전염될 수 있는 거야.

다행히도 광견병에 걸린 동물에게 물렸을 때 즉시 해당 부위를 깨끗한 물로 씻고, 소독한 뒤 보건소에 연락하면 백신 접종으로 감염을 막을 수 있어. 하지만 제대로 치료받지 않으면 거의 100퍼센트 사망하는 무서운 병이야.

## Q. 무서운 감정은 어디에서 오는 걸까요?

우리가 무서운 영화를 보거나 귀신 이야기를 들을 때 왜 오싹한 느낌이 들까? 또 공포라는 감정은 어디에서 오는 걸까?

고대 그리스 사람들은 슬픔, 고통, 무서움, 사랑 같은 감정이 심장에서 온다고 믿었어. 하지만 1800년대부터 과학자들이 뇌를 연구하면서 감정을 조절하는 역할이 뇌에 있다는 걸 밝혀냈어. 특히 아몬드처럼 생긴 '편도체'라는 부분이 불안과 공포를 기억하고 학습하는 중요한 역할을 한다는 걸 알게 됐지.

공포를 극도로 많이 경험한 '외상 후 스트레스 장애(PTSD)'를 가진 사람들은 편도체가 과하게 활성화되어 있어서 작은 자극에도 더 큰 공포를 느낀다고 해.

반대로 편도체가 손상되면 두려움을 전혀 느끼지 못해. 편도체가 망가진 쥐는 고양이가 가까이 와도 도망가지 않고, 잡아먹힐 때까지 장난을 치는 모습을 보이기도 했어.

### 공포를 느끼면 몸에서는 어떤 변화가 일어날까?

편도체에서 위험 신호를 감지하면, 자율 신경계의 교감 신경이 흥분하면서 몸이 자동으로 위험에 대비하는 상태가 돼. 이때 심장 박동이 빨라지고, 동공이 확장되며, 온몸의 털이 곤두서거나 근육과 혈관이 긴장하며 땀이 나지. 이런 변화들은 몸이 스스로 위험을 감지하고, 도망가거나 싸울 준비를 하도록 돕는 본능적인 반응이야.

그렇지만 공포가 꼭 나쁜 감정은 아니야. 사실 공포는 인간이 생존하기 위해 원시 시대부터 우리 뇌에 각인된 비상경보 시스템이라고 할 수 있어. 위험한 상황에서 빨리 반응하고, 몸을 보호할 수 있도록 도와주는 중요한 감정이지.

# 3

# 좀비에 점령된 세상

# 유인 작전

종서는 가방에서 무선 조종 자동차와 리모컨을 꺼냈어.

"제가 가져온 드론은 날개가 부러져서 못 쓸 것 같아요. 이번에는 자동차를 이용하면 어떨까요?"

할아버지가 종서의 무선 조종 자동차를 살펴보더니 만족스러운 얼굴로 고개를 끄덕였어.

"유리병을 넣기에 딱 좋은 크기로구나. 우선 자동차가 잘 작동하는지 확인해 보렴."

종서가 리모컨을 잡고 스위치를 누르자 윙윙 소리와 함께 빨간 불이 켜지며 자동차가 움직였어.

우리는 종서의 능숙한 자동차 조종 솜씨에 환호성을 질렀어.

"이제 유리병을 자동차에 고정할게요!"

종서는 가방에서 꺼낸 자동차 수리용 초강력 본드로 유리병을 자동차 안에 단단히 붙였어. 오늘따라 종서가 무척 멋져 보였어.

"할아버지, 궁금한 게 있어요."

주영이가 고개를 갸우뚱하며 물었어.

"왜 좀비끼리는 서로 공격하지 않아요? 이렇게 사람들을 쫓아다닐 정도면 같은 좀비끼리도 서로 물어뜯고 싸워야 하는 거 아닌가요?"

할아버지가 턱을 만지작거리며 생각에 잠겼어.

"냄새로 사람과 좀비를 구별하는 게 아닐까? 좀비들이 사람의 냄새를 맡으면 공격 본능이 자극되는 것일 수도 있고."

"사람과 좀비의 냄새가 다르다는 거예요?"

"그렇지. 좀비는 죽었다가 살아난 시체이기 때문에 부패한 세포 덩어리라고 할 수 있어. 세포가 파괴되면서 세균이 자라고, 거기서 악취가 나는 거지. 반면 살아 있는 사람은 땀과 피부에서 젖산, 지방산 같은 체취를 배출하고, 숨을 쉴 때 이산화탄소를 내뱉는단다. 좀비들은 아마 그런 냄새들을 감지하는 것이겠지."

"그럼 이 냄새는 사람 냄새예요?"

"그럴 가능성이 크지."

"이 냄새, 제가 머리를 며칠 안 감았을 때 정수리에서 나던 냄새랑 똑같아요."

주영이가 머리를 긁적이며 말했어.

우리는 모든 준비를 마친 뒤, 안전 고리를 건 현관문을 천천히 열었어. 현관문이 열리자 어김없이 좀비들의 손이 쑥쑥 튀어나왔어.

"윽, 너무 징그러워!"

좀비들의 손은 관절이 비틀려 있고, 손톱은 길고 뾰족하게 자라나 있었거든.

종서는 좀비들이 손을 휘젓는데도 침착하게 무선 조종 자동차를 바닥에 내려놓고 조종하기 시작했어. 자동차는 윙윙 요란한 소리를 냈어.

유리병에서 퍼져 나오는 기묘한 냄새와 시끄러운 자동차 소리가 좀비들을 자극하기에 충분했나 봐.

코를 벌름거리던 좀비들이 일제히 고개를 돌려 자동차를 쫓아가기 시작했어. 좀비 파도가 몰려가는 것 같았지. 그때 할아버지가 문을 활짝 열었어.

"위이이잉! 윙윙!"

종서의 무선 조종 자동차는 복도를 질주했어. 좀비들은 이제 우리에게 전혀 관심 없었어. 오직 눈앞의 자동차를 잡으려고 안간힘을 다해 덤벼들었지.

종서는 잡힐 듯 말 듯 아슬아슬하게 자동차를 조종하며 좀비들의 약을 올렸어. 좀비들은 서로 부딪히고 밀치면서 엉망진창으로 넘어졌어.

"어서 올라가야 해. 뛰어!"

할아버지의 외침에 우리는 전력을 다해 뛰었어. 그 틈에 종서는 계단 아래로 자동차를 내려보냈어.

"에잇, 이건 선물이다! 냄새나 실컷 맡아라!"

그 순간, 자동차 안에 있던 유리병 속 액체가 계단 바닥에 쏟아졌어.

우리는 숨도 못 쉬고 계단을 뛰어올랐어. 종서도 조종을 멈추고 할아버지를 뒤따라 305호 문을 힘껏 밀었어.

## 대왕 좀비 매미

"휴, 종서 덕분에 무사히 여기까지 왔어."

내 말에 종서가 뿌듯해하며 말했어.

"헤헤. 마지막엔 아슬아슬했어. 그나저나 치료제는 어디에 있을까?"

"그러게. 치료제를 꼭 찾아야 하는데…. 우리 중 누군가 좀비에 물리더라도 치료제만 있다면 살릴 수 있을 테니까 말이야."

천천히 거실로 들어서자 벽에 걸린 커다란 무언가가 눈에 띄었어.

"할아버지, 저기 벽에 이상한 게 있어요. 파리 같기도 하고 매미 같기도 한데…. 곤충 모양을 본뜬 장식품일까요?"

우리는 모두 그 거대한 형체에서 눈을 뗄 수 없었어. 강렬한 붉은 눈을 가진 그것은 마치 잠자리의 날개처럼 생긴 얇고 정교한 두 개의 날개를 펼치고 있었어.

"큼큼. 이건 크기만 클 뿐이지, 딱 봐도 매미야."

주영이가 목을 가다듬으며 말했어. 주영이는 곤충 얘기만 나오면 신이 나서 알고 있는 모든 이야기를 꺼내 놓곤 해.

"윽, 너무 크니까 무섭고 징그러워."

나는 한 걸음 물러서며 중얼거렸어.

"매미가 얼마나 귀여운데. 그리고 이건 장식품일 뿐이야. 이렇게 큰 매미가 있을 리 없잖아. 걱정하지 마!"

주영이는 내가 무서워하는 모습에 신이 났는지 대왕 매미의 날개를 어루만지며 말했어.

그때 매미가 날개를 움찔했어.

"앗! 방금 매미가 움직였어!"

"유나야, 너도 겁이 많구나! 이건 그냥 모형이야."

주영이가 다시 날개를 만지려는 순간, 대왕 매미가 갑자기 커다란 날개를 쭉 펼쳤어.

"으악!"

주영이는 깜짝 놀라 그대로 바닥에 주저앉았어. 매미는 날개를 퍼덕이며 몸을 힘차게 흔들었어. 그러자 숨어 있던 매미의 하얀 꼬리가 밖으로 드러났어.

매미는 날개를 퍼덕일 때마다 꼬리를 흔들었고, 꼬리에서 하얀 가루들이 날려 사방으로 퍼져 나가기 시작했어.

"주영아, 뭐 해! 얼른 이리 와."

주영이는 우리의 외침을 듣는 둥 마는 둥 계속 매미를 향해 무언가를 중얼거렸어. 설마 곤충을 너무 좋아해서 저런 엉뚱한 짓을 하는 건가? 지금은 그럴 때가 아니잖아.

"에취! 에에에취!"

마스크를 썼는데도 매미가 뿜는 하얀 가루에 자꾸 재채기가 났어.

"이 가루… 위험해 보이는구나. 깊게 들이마시지 않게 조심하렴. 우선 주영이를 데려와야겠다."

할아버지는 마스크를 단단히 고쳐 쓰고 주영이에게 달려가 팔을 잡아끌었어.

주영이는 할아버지의 손을 뿌리치더니 흐리멍덩한 눈으로 대왕 매미를 향해 고개를 조아리며 읊조렸어.

"주인님, 분부대로 하겠습니다."

"주영아, 정신 차려! 지금 장난칠 때가 아니야."

주영이는 내 말을 무시한 채 무표정한 얼굴로 현관문 쪽으로 걸어가기 시작했어.

"안 돼! 밖에는 좀비가 있어!"

할아버지는 주영이를 붙잡았지만 이미 문이 살짝 열렸고, 그 틈으로 쑥! 좀비의 시퍼런 손이 들어왔어.

"으아악!"

문틈을 비집고 파란 셔츠를 입은 좀비 하나가 안으로 들어오려고 했어. 할아버지는 있는 힘껏 문을 닫았지만, 좀비를 막기에는 역부족이었어.

"도망쳐!"

할아버지는 바닥에 나뒹굴던 긴 막대를 주워 들고 좀비를 막아섰어. 그러자 좀비가 할아버지를 향해 이빨을 드러내며 달려드는 거야!

## 파란 셔츠를 입은 좀비

그때 고양이 한 마리가 어디선가 빠르게 달려와 발톱으로 좀비의 얼굴을 할퀴었어. 좀비는 화가 난 듯 고양이를 노려봤지만, 고양이는 날렵한 몸짓으로 도망쳤어.

좀비는 씩씩대며 고양이를 뒤쫓았어. 고양이는 좀비를 피해 요리조리 달리더니 대왕 매미 위로 후다닥 뛰어올랐어. 좀비는 더 흥분해서 고양이가 올라탄 대왕 매미를 세게 내리쳤어.

툭.

그 순간 대왕 매미의 배에서 무언가가 바닥으로 떨어졌어.

"저게 뭐지?"

자세히 보니 빨간 액체가 들어 있는 주사기였어.

"설마… 치료제?"

할아버지의 목소리에 좀비는 다시 고개를 돌려 우리 쪽으로 다가오기 시작했어. 흥분한 얼굴로 이빨을 드러내며 할아버지를 향해 달려들었지.

"할아버지, 조심해요!"

나는 쏜살같이 뛰어가 바닥에 떨어진 주사기를 주워 들었어. 그리고 파란 셔츠를 입은 좀비의 등에 주삿바늘을 꽂았어.

"이거나 맞아라, 좀비야!"

좀비는 몸을 격렬하게 비틀며 쓰러지더니 바닥을 뒹굴었어. 그렇게 한동안 경련을 일으키던 좀비는 이내 움직임을 멈췄어.

"앗, 좀비 손가락이 움직여요."

너무 놀라 뒤로 물러서려는데 나지막한 목소리가 들려왔어.

"누구세요? 제가 왜… 여기에 누워 있죠?"

다 죽은 줄 알았던 좀비가 천천히 고개를 들어 눈을 깜빡이더니 말까지 하는 거야!

"조… 좀비가 말을 해!"

좀비는 아까와는 다르게 평온한 모습이었어. 할아버지가 천천히 다가가 말을 걸었어.

"당신이 좀비가 되어 우리를 공격했어요. 치료제를 써서 인간으로 되돌아온 거고요. 이제 괜찮은 거죠?"

할아버지는 차분한 목소리로 설명했어. 아저씨는 믿을 수 없다는 듯 눈물을 글썽였어.

"제가 좀비가 되었다니 믿기지 않아요. 고맙습니다."

야옹.

어디론가 사라졌던 고양이가 나타나 좀비 아저씨의 다리에 몸을 비비며 애교를 부렸어.

"구리야, 무사했구나!"

좀비 아저씨는 고양이를 보며 눈시울을 붉혔어.

"구리요? 아저씨 고양이예요?"

"네. 제가 키우는 고양이 구리예요."

"아저씨, 대체 무슨 일이 있었던 거예요? 어쩌다 좀비가 됐던 거예요?"

종서가 질문을 폭풍처럼 쏟아 냈어.

"몇 주 전이었어요. 복도에서 큰 소리가 나길래 무슨 일인가 싶어 문을 열었는데, 그만 좀비 하나가 집으로 들어왔어요. 도망갈 곳도 없어 좀비와 싸우다가 팔을 물렸는데, 그 이후는 기억이 나지 않아요."

좀비 아저씨는 구리를 안고 몇 번이나 허리를 숙이며 우리에게 감사 인사를 했어.

"여기가… 어디예요?"

주영이도 곧 정신을 차리고 주변을 두리번거렸어.

"주영아, 괜찮아?"

종서와 할아버지는 주영이의 어깨를 토닥여 주었어. 주영이는 하얀 가루로 뒤덮인 바닥을 바라보며 찜찜한 표정을 지었어.

"할아버지, 아까 대왕 매미가 하얀 가루를 뿜자마자 머리가 띵 하면서 어지러웠어요. 저 하얀 가루는 대체 뭐예요? 왜 매미가 가루를 뿌린 거예요?"

할아버지는 무거운 표정으로 고개를 끄덕였어.

"말로만 듣던 좀비 매미가 확실해. 빨간 눈을 가진 그 괴상한 매미…. 곰팡이에 감염된 거야. 하얀 가루처럼 보이는 건 사실 곰팡이지. 곰팡이에게 점령당한 좀비 매미는 뇌까지 지배당해서 다른 매미들에게 다시 곰팡이를 퍼트리는 거란다."

"그럼… 저 하얀 가루가 다 곰팡이라고요?"

"그래, 맞아. 하마터면 주영이 너도 곰팡이에게 뇌를 점령당할 뻔했구나."

주영이는 몸을 부르르 떨었어.

"으…. 소름 끼쳐요. 제 엉덩이도 좀비 매미처럼 하얀 곰팡이로 뒤덮이면 어떡해요?"

"하하. 걱정하지 마. 괜찮을 거야."

그때 바닥에 빨간색 편지가 떨어져 있는 게 보였어.

"편지를 열어 보자! 내용이 또 바뀌었을지도 몰라."

나는 얼른 편지를 펼쳐 보았어. 글자가 서서히 변하더니 새로운 메시지가 나타났지.

우리는 서로를 마주 보며 고개를 끄덕였어.

이제, 4층으로 가야 해!

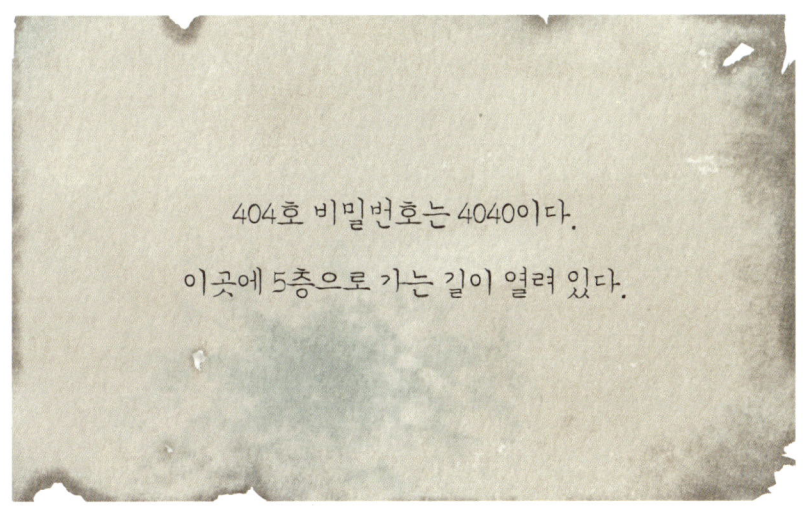

404호 비밀번호는 4040이다.

이곳에 5층으로 가는 길이 열려 있다.

# 오싹오싹 과학관 미스터리를 밝혀라!

## Q. 좀비 매미는 진짜 존재할까요?

매미 중에는 13년 또는 17년 주기로 한꺼번에 대량으로 발생하는 주기 매미가 있어. 알에서 부화한 매미 유충들은 땅속으로 들어가 오랜 시간 자란 뒤 성충이 되면 한꺼번에 밖으로 나와. 그런데 더 놀라운 점이 있어. 이 중에 좀비 매미가 숨어 있다는 것!

북미에서 발견되는 주기 매미는 빨간 눈이 특징이야. 그런데 이 주기 매미가 좀비가 되면 배 부분이 달라져. 좀비 매미의 하반신은 마치 사라진 것처럼 보이는데, 사실은 '매소스포라(Massospora)'라는 곰팡이에 감염된 거야. 이 곰팡이는 매미의 뇌를 조종해 수컷 매미를 암컷처럼 행동하게 만들지.

곰팡이에 감염된 수컷 매미는 짝짓기를 유도하기 위해 암컷 매미처럼 날개 튕기기를 해. 다른 수컷 매미가 속아서 다가오면 접촉해서 감염시키는 거야.

**이렇게 곰팡이가 매미의 행동을 조종해서 감염을 확산시키는 거지. 마치 좀비 바이러스처럼 말이야!**

　　여기서 더 소름 돋는 사실이 있어. 매소스포라 곰팡이에서 '실로시빈(psilocybin)'이라는 성분이 발견됐다는 거야. 실로시빈은 환각 버섯에서 나오는 환각제 성분인데, 뇌를 흥분시키고 도파민을 과도하게 분비하도록 해. 미국 버지니아 대학교 산림병리학 연구진은 이 성분이 매미를 계속 움직이게 해서, 살아 있는 동안 최대한 많은 매미를 감염시키도록 조종하는 것 같다고 밝혔어.

　　좀비 매미는 단순한 전설이 아니라 실제로 존재하는 곤충이야. 곰팡이에 감염되어 뇌를 조종당하고, 다른 매미를 감염시키면서 점점 퍼져 나가는 거지. 완전히 영화 속 좀비처럼 말이야!

## 오싹오싹 과학관 미스터리를 밝혀라!

## Q. 신경 전달 물질이 기분을 좌우한다고요?

우리의 기분은 뇌에서 분비되는 '신경 전달 물질'이라는 화학 물질에 의해 조절돼. 신경 전달 물질이 부족하거나 과도하게 많아지면, 기분이 오락가락하거나 특정 행동을 조절하기 어려워질 수도 있어.

신경 전달 물질 중에서도 정신 작용과 감정에 영향을 주는 대표적인 물질은 도파민, 세로토닌, 엔돌핀이야. 이 세 가지는 우리의 행복, 동기 부여, 고통 조절 등에 큰 영향을 미쳐.

**도파민**은 동기 부여와 보상 시스템을 담당하는 신경 전달 물질이야. 쉽게 말해 의욕을 돋우는 역할을 하지. 도파민이 부족하면 우울증, 파킨슨병, ADHD(주의력 결핍 과잉 행동 장애) 같은 문제가 발생할 수 있어. 반대로 도파민이 너무 많아지면 망상과 환청, 극단적인 공격성, 인지 능력 저하 등이 나타나 좀비처럼 통제되지 않는 행동을 하지.

**세로토닌**은 기분을 좋게 하고 안정감을 주는 신경 전달 물질이야. 그래서 '행복 호르몬'이라고도 불리지. 세로토닌이 부족하면 우울증, 집중력 저하, 피로감, 만성 통증 등이 나타날 수 있어. 반대로 세로

토닌이 너무 많으면 불안감 증가, 경련, 심박 수 증가, 환각 등의 부작용이 나타나.

　　엔돌핀은 몸이 고통을 받을 때 분비되어서 고통을 덜 느끼게 하는 신경 전달 물질이야. 그래서 엔돌핀은 '자연의 진통제'라고 불려. 운동할 때 처음에는 힘들다가도 어느 순간 기분이 좋아지는 이유가 엔돌핀이 분비되기 때문이야.

　　하지만 엔돌핀이 너무 자주 분비되면 몸이 익숙해져서 같은 양으로는 효과를 못 느껴. 점점 더 강한 자극을 원하게 되고, 고통을 스스로 조절하기 어려워져.

　　도파민, 세로토닌, 엔돌핀이 부족하거나 많아지면 우울증, 중독, 충동적인 행동 등 다양한 문제가 생길 수 있어. 결국 신경 전달 물질은 너무 많아도, 너무 적어도 문제가 되기 때문에 균형이 중요해.

# 4 마지막 관문으로 가는 길

# 소리의 진동


 우리는 머리를 맞대고 4층으로 올라갈 아이디어를 짜내기 시작했어.

 "이제는 냄새 유인 액체도 없고, 물도 안 나오고, 치료제도 다 써 버렸어. 어떡하지?"

 "종서야, 무선 조종 장치가 남아 있어?"

 주영이가 기대하며 물었어. 종서는 자신의 가방을 뒤적이더니 고개를 저었어.

 "이제 없어. 이럴 줄 알았으면 더 많이 챙겨 오는 건데."

 "아냐. 지금까지도 엄청난 도움을 줬잖아. 종서 네가 없었으면 우린 벌써 좀비가 됐을걸?"

 나는 풀이 죽은 종서의 어깨를 토닥여 주었어.

 "할아버지, 좀비가 소리로 우리를 찾는 건 아닐까요?"

 주영이가 고개를 갸우뚱하며 말했어.

 "소리? 아까도 좀비들이 고양이 울음소리에 반응했지. 그러고 보니 좀비가 소리를 듣는 것 같구나."

"그럼 소리로 유인하는 건 어때요? 큰 소리로 좀비들을 유인한 다음, 빠르게 위로 올라가면 되지 않을까요?"

"그러다 누가 잡히기라도 하면 어떡해? 무작정 소리를 지르면 좀비들만 신날 거야."

그때 조용히 생각에 잠겼던 종서가 눈을 반짝였어.

"좋은 생각이 떠올랐어! 소리의 성질을 이용하는 거야. 과학 시간에 실험을 하다가 내 목소리로 유리잔을 깬 적이 있거든!"

"목소리로 유리잔을 깼다고? 그게 가능해?"

나는 눈을 크게 뜨며 물었어.

"진짜라니까! 선생님도 깜짝 놀랐다고."

할아버지가 고개를 끄덕이며 말했어.

"종서 말이 맞아. 소리는 진동이야. 그리고 모든 물체는 각자 고유한 진동수를 가지고 있지. 만약 물체의 진동수에 딱 맞는 소리를 내면 그 물체의 에너지가 점점 커지면서 더 강한 진동이 발생하지. 이걸 '공진'이라고 해. 그래서 특정한 음파를 맞추면 유리잔을 깨트릴 수도 있단다."

주영이는 갸우뚱하며 물었어.

"그렇게 큰 소리를 내면 좀비들이 몰려들 텐데."

종서는 고개를 가로저으며 자신만만하게 웃었어.

"나만 믿어. 귀가 찢어질 정도로 소리를 아주아주 크게 질러서 좀비들이 도망가게 만들 거야!"

"그냥 목소리만으로는 힘들지 않을까?"

주영이가 믿기 어렵다는 듯 말했어.

"음. 소리를 크게 만들어 줄 확성기가 있다면 좋을 텐데."

나도 아쉬운 마음에 덧붙였어.

종서가 회심의 미소를 짓더니 가방에서 페트병 하나와 종이컵 두 개를 꺼내 들었어.

"종서야, 그런 걸 가방에 왜 가지고 다녀?"

"내가 환경 보호에 진심인 건 알지? 한 번 쓰고 버리기보다는 재활용하면 좋잖아."

할아버지는 엄지손을 척 치켜들었어.

"좋은 자세야. 그것보다 지금 그걸 왜 꺼낸 거니, 종서야?"

"이걸로 확성기를 만들 거예요. 제가 마술을 보여 드릴게요."

종서는 페트병의 양 끝을 잘라 긴 원통 모양을 만들었어. 그러더니 두 종이컵의 바닥에 용수철을 달아 컵을 연결하고는 페트병에 끼워 넣었어.

 종서가 한쪽 종이컵에 대고 소리를 내자 안에 있는 용수철이 파르르 떨리면서 더 큰 소리를 냈어.

"와, 왜 소리가 커진 거야?"

종서는 머리를 긁적이며 고개를 가로저었어.

"그냥 만들기만 해서 그 이유는 잘 모르겠어."

할아버지는 안에 있는 용수철을 가리키며 설명해 주었어.

"종서가 만든 확성기는 용수철의 파동과 소리의 파동으로 에너지를 키워 소리를 크게 만드는 거란다."

우아! 우리는 탄성을 질렀어. 종서는 정말 똑똑해. 종서는 확성기를 입에 대고 소리를 질렀어.

나는 우리의 작전이 통하는지 확인하려고 현관문의 작은 구멍으로 밖을 내다보았어. 그런데 웬걸, 오히려 좀비들이 더 많이 모여드는 거야!

"종서야, 소리를 듣고 좀비들이 더 많이 몰려들었어! 이 작전은 안 되겠어."

그러자 종서가 확성기를 잡고 소리를 더 높이기 시작했어. 이번에 종서는 고음을 내며 날카로운 소리를 질렀어. 우리도 귀가 찢어질 것처럼 아프더라니까.

"으악! 귀가 터질 것 같아."

나는 귀를 막고 다시 현관문 구멍으로 밖을 확인했어. 종서의 생각이 맞았어. 좀비들이 도망가기 시작한 거야.

"그 소리야! 그 소리면 좀비들을 몰아낼 수 있어."

종서가 앞장서서 현관문을 열었어. 그 순간, 주영이가 너무 놀란 나머지 뿌웅 방귀를 뀌었어.

"주영아, 네 방귀 냄새에 좀비들이 다시 몰려오겠어."

내 말에 깜짝 놀란 주영이는 엉덩이에 힘을 꽉 주고 뒤뚱

거리며 걸어갔어.

정말 신기해. 좀비들이 우리를 피해 도망치잖아?

"이대로라면 5층까지 바로 올라갈 수 있겠어! 종서의 목소리만 있으면 아무 문제 없겠다!"

우리는 신이 나서 계단을 빠르게 올라갔어. 그런데 아뿔싸! 종서가 숨이 차서 그만 소리를 멈추고 만 거야!

"헥헥… 나 너무 힘들어…."

좀비 하나가 기다렸다는 듯 우리를 향해 돌진했어.

"안 돼! 내 확성기!"

종서는 좀비를 피하려다 그만 확성기를 바닥에 떨어뜨렸어.

"그건 그냥 두고 어서 달려!"

할아버지는 좀비를 힘껏 밀어내고, 종서의 손을 붙잡고 뛰기 시작했어. 5층에서 좀비들이 내려오는 소리도 들렸어.

"안 되겠어. 문이 열린 곳이 있으면 무조건 들어가야 해."

이제는 좀비들이 무리 지어 쫓아오기 시작했어. 그때 활짝 열린 402호 문이 보였어.

"이쪽이야. 모두 402호로 들어가!"

우리는 402호로 들어가 열른 문을 닫고 잠가 버렸어.

## 환상의 정원 402호

"여긴 꼭 식물원 같아!"

402호에는 온갖 종류의 꽃과 화초들이 울창하게 자라고 있었어. 베란다 화단에는 흙이 보이지 않을 만큼 초록 잎사귀가 가득했어.

"이렇게 멋진 화단을 가꾸던 주인도 좀비가 되었을까?"

종서가 주위를 둘러보며 말했어.

"식물들도 버려졌다고 생각하니 기분이 이상해."

주영이가 식물들을 보며 안타까운 표정을 지었어. 나도 괜히 마음이 쓰여서 천천히 화단을 살펴봤어.

"여기 봐. 엄청 예쁜 꽃이 있어. 향기도 좋을 것 같아."

나팔꽃처럼 생긴 흰색 꽃이었어. 나는 꽃 냄새를 맡으려고 코를 가까이 댔어.

"음? 꽃에서 독특한 향기가 나!"

갑자기 현기증이 나면서 정신이 아찔해졌어. 그리고 새로운 모습이 눈앞에 펼쳐졌어.

"어? 여기가 어디지? 우리 집이잖아?"

몇 번이나 눈을 비비고 다시 봐도 우리 집이었어. 아빠는 나를 보고 다정하게 웃고 있었어. 내가 무서운 꿈을 꾼 걸까?

"유나야, 왜 이렇게 오래 잤어? 우리 잠꾸러기."

"아빠? 제가 얼마나 잔 거예요? 이상한 꿈을 꾼 것 같아요."

곧이어 엄마가 음식을 들고 다가왔어.

맛있는 음식 냄새를 맡으니 배에서 꼬르륵 소리가 났어. 그때 동생이 투덜거리며 다가왔어.

"이건 내 거야. 누나는 먹지 마."

"무슨 말이야? 너 왜 이렇게 욕심쟁이야?"

아빠는 걱정스러운 눈빛으로 나를 타일렀어.

"유나야, 동생이랑 사이좋게 지내야지."

갑자기 아빠까지 동생 편을 드는 것 같아서 더 화가 났어.

"싫어요! 이거 제가 다 먹을 거예요. 아무도 안 줄 거예요."

내가 얼른 치킨 샐러드를 먹으려 하자 엄마가 빼앗았어.

"안 돼. 동생이랑 싸우기나 하고, 유나 넌 먹으면 안 돼."

서러운 감정이 복받쳐 올라 눈물이 핑 돌았어. 그때 어디선가 할아버지의 목소리가 들렸어.

"유나야, 정신 차려!"

하지만 너무 서러워 아무도 보고 싶지 않았어. 왜 다들 나만 혼내?

"유나야, 눈 좀 떠 봐. 괜찮아?"

나를 흔들어 깨우는 느낌에 겨우 눈을 뜨니 걱정스러운 표정의 할아버지, 주영이, 종서가 보였어.

"어떻게 된 거예요? 분명히 우리 집이었는데…. 엄마, 아빠, 동생은 어디에 있어요?"

"유나야, 네가 잠시 환각에 빠진 것 같구나."

할아버지가 꽃을 자세히 살펴보았어. 잎은 톱니처럼 가장자리가 파여 있고, 나팔 모양의 꽃은 끝이 갈라져 마치 거북이 꼬리처럼 뾰족하게 뻗어 있었어.

"흠, 아무래도 '악마의 나팔'이라는 독말풀 같구나."

할아버지는 꽃을 이리저리 살펴보더니 확신이 선 듯 고개를 끄덕였어.

"독말풀은 독성이 강한 식물이야. 꽃 냄새를 맡는 것만으로도 환각이나 최면에 빠질 수 있어. 특히 신경을 마비시키는 독이 있어서 함부로 만졌다가 독말풀 수액이 눈에 들어가면 실명할 수도 있지."

종서는 깜짝 놀라 뒤로 물러섰어.

"히익. 그렇게 무서운 식물도 있어요?"

"독말풀은 통증을 완화하는 약으로 쓰이기도 하지만, 씨앗, 줄기, 꽃, 모두 독성이 너무 강해서 위험할 수 있단다. 게다가, 독말풀로 좀비를 만들었다는 무서운 이야기도 있지."

"헉! 좀비를 만드는 식물이라고요?"

할아버지는 심각한 표정으로 꽃을 바라보았어.

"그래. 부두교의 흑마법사가 사람들을 좀비로 만들기 위해서 사용한 최면제 중 하나가 독말풀이라는 전설이 있단다."

"그렇게 위험한 식물이 왜 여기 있을까요?"

"그러게 말이다. 혹시나 이 꽃이 필요할지도 모르니까 봉투에 꽃을 조금 담아 가는 게 좋겠구나."

그때 어디선가 익숙한 고양이 울음소리가 들려왔어.

"밖에서 고양이 소리가 들려. 구리 같은데! 저러다 좀비들에게 잡히겠어."

곧이어 고양이 울음소리가 나는 쪽으로 좀비들이 우르르 몰려가는 소리가 들렸어. 할아버지가 조심스럽게 현관문을 열어 보았어.

"이때다. 빨리 404호로 들어가야 해."

할아버지의 다급한 목소리에 우리도 재빨리 움직였어. 복도 끝에 고양이 구리와 그 뒤를 쫓는 좀비 무리가 보였어. 우리는 얼른 404호의 문고리를 당겼어. 그런데 문이 꼼짝도 안 하는 거야!

"으앙, 어떡해. 문이 잠겨 있어."

뿡 하는 주영이의 방귀 소리에 문득 편지에 적혀 있던 비밀번호가 생각났어.

나는 얼른 비밀번호를 외쳤어.

"할아버지! 비밀번호는 4040이에요!"

"오냐. 4, 0, 4, 0!"

# 비밀 통로를 찾아서

404호 내부는 더욱 이상했어. 바닥에는 먼지가 두껍게 쌓여 있고, 천장과 벽은 거미줄로 가득했거든. 창문도 전부 가려 있어서 한 줄기 빛도 없이 어두컴컴했어.

"여기 꼭 귀신이 나올 것처럼 으스스해."

"난 귀신보다 좀비가 더 무서워. 귀신은 나를 귀신으로 만들지 않지만, 좀비에게 물리면 나도 좀비가 되잖아."

주영이가 고개를 절레절레 흔들었어. 그때 구리가 천장을 향해 야옹야옹 하며 소리를 냈어. 우리는 구리의 소리를 따라 천장을 올려다보았어.

"아까 편지에서 404호에 5층으로 가는 길이 있다고 했어요. 천장에 위로 올라가는 계단이 있는 건 아닐까요?"

하지만 아무리 천장을 살펴보아도 비밀 계단이 있을 것 같지 않았어. 거미줄만 가득 차 있었지.

"이 거미줄… 뭔가 달라 보이는데…."

주영이가 거미줄을 살펴보며 말했어.

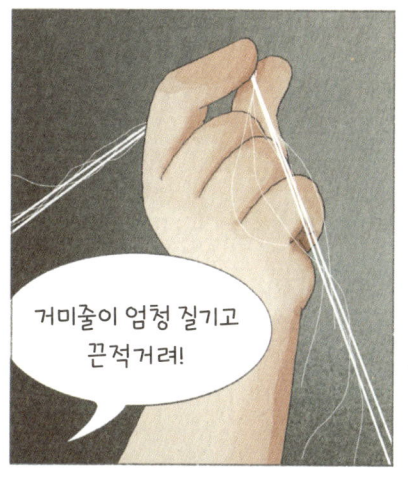

종서도 할아버지의 이야기를 듣고 거미줄을 타고 위로 올라가 천장을 두드렸어.

"여기에요. 여기 천장에 문이 있는 거 같아요."

종서는 거미줄에 용감하게 매달려 천장을 계속 손으로 밀었어. 그러자 천장이 들썩들썩하더니 작은 문이 끼익 열렸어.

"와! 문이 열렸어요! 여기가 비밀 통로인가 봐요."

캬악! 야옹!

종서가 거미줄에 가려져 있던 문을 발견한 순간, 구리가 날카롭게 소리를 질렀어. 천장을 향해서 말이야!

"조… 조… 종서야, 뒤… 뒤를 봐!"

거미줄 위에 올라 앉은 종서의 뒤로 먹구름처럼 검고 뭉툭한 물체가 나타난 거야! 여덟 개의 긴 다리가 있고, 몸체가 털로 뒤덮인 저 물체는 거미가 분명했어. 그것도 엄청나게 커다란 거미!

"거… 거… 거미야."

내 표정이 심상치 않음을 느낀 종서가 천천히 뒤를 돌아보았어. 좀비 매미보다도 몸집이 거대한 거미는 종서가 매달린 거미줄을 그대로 잡아끌고 어두운 천장 위로 사라졌어.

"으아악! 날 어디로 데려가는 거야!"

처음에는 거미에게 잡혀가는 종서의 다급한 외침이 들렸지만, 곧 소리가 사라졌어.

"거미가 분명한데, 저렇게 커다란 거미는 처음이에요."

우리 반 곤충 박사 주영이가 놀라서 말했어.

"나도 저렇게 큰 거미는 처음 보았단다. 종서가 위험에 빠지기 전에 얼른 구하러 가야겠다."

할아버지는 급하게 거미줄을 타고 천장으로 난 문으로 들어갔어. 우리도 종서를 구하기 위해 할아버지를 뒤따라갔어.

"너무 어두워서 아무것도 안 보여요."

주영이가 내 팔을 붙잡으며 말했어.

"종서야! 어디 있어?"

나는 계속 종서를 불러봤지만 아무 소리도 들리지 않았어.

"할아버지, 종서가 벌써 거미의 먹이가 된 건 아니겠죠?"

순식간에 일어난 일이라 꿈을 꾸는 것 같았어. 계속 올라가다 보니 희미한 빛이 보였어. 빛을 따라가다 보니 베란다 창고로 이어진 다른 집에 도착했어.

"이 집은 또 어디지? 종서는 어디로 간 거야…."

"우리가 4층에서 위로 올라왔으니까 여긴 5층일 거야."

할아버지는 이리저리 주변을 살펴보기 시작했어. 나는 거미줄을 위로 끌어 올렸어.

"할아버지, 도와주세요. 종서를 구하는 데 거미줄이 필요할지도 몰라요."

"그래. 좋은 생각이야. 이런 강력한 거미줄은 쓸모가 많은 편이지."

우리는 있는 힘을 다해 거미줄을 위로 끌어 올렸어.

종서는 대체 어디로 간 걸까? 거미도, 종서도 사라져 버렸어.

# 오싹오싹 과학관 미스터리를 밝혀라!

## Q. 거미는 왜 좀비가 되었을까요?

거미를 좀비로 만드는 기생벌이 있어. 이 기생벌은 숙주가 될 거미에게 침을 놓아 마비시키고, 알을 낳은 뒤 날아가 버려. 이후 기생벌의 알이 부화하여 태어난 애벌레는 거미의 체액을 빨아 먹으며 성장하지.

그런데 정말 놀라운 점은 기생벌 애벌레가 거미의 뇌나 신경계를 직접 건드리지도 않으면서 거미의 행동을 조종한다는 사실이야. 거미가 평소와는 전혀 다른 방식으로 더 단단한 거미줄을 치도록 유도하는데, 이 과정이 마치 좀비를 조종하는 것과 비슷해. 왜 그럴까?

그 이유는 기생벌 애벌레가 곧 번데기로 변하기 때문이야. 애벌레는 번데기가 된 후에도 거미줄이 자신을 안전하게 보호할 수 있도록 유도하는 거지. 특히, 새가 쉽게 발견할 수 있도록 거미줄을 눈에 띄는 방식으로 치게 만드는데, 이는 새가 실수로 거미줄에 부딪혀 망가뜨리는 일을 방지하기 위한 전략이야.

**그렇다면 기생벌 애벌레는 도대체 어떻게 거미의 행동을 조종할까?**

과학자들이 연구한 결과, 그 비밀은 호르몬에 있어.

기생벌 애벌레는 거미의 몸속에서 엑디손이라는 호르몬의 농도를 증가시켜. 이 호르몬은 원래 절지동물이 탈피할 때 분비되는 물질인데, 일부러 농도를 높여서 거미가 탈피할 시기가 된 것처럼 착각하게 만드는 거야.

거미는 탈피를 앞두면 본능적으로 더 안전한 거미줄을 만들어 몸을 보호하려고 해. 기생벌 애벌레는 이 점을 이용해서 거미가 자기 보호용 거미줄을 치도록 속이고, 결국 자신이 안전하게 번데기 상태로 변할 수 있는 최적의 환경을 만들도록 유도하는 거지.

## 오싹오싹 과학관
## 미스터리를 밝혀라!

### Q. 환각 작용을 일으키는 식물이 있나요?

환각은 실제로 존재하지 않는 것을 보고 듣거나 느끼는 현상을 말해. 환각은 뇌의 손상, 신경 전달 물질 불균형, 약물 중독 등 다양한 원인으로 나타나.

그런데 자연에서 자라는 식물 중에서도 강한 환각 작용을 일으키는 것들도 있어. 일부는 오랜 기간 전통 의학이나 종교 의식에 사용했지만, 잘못 사용하면 심각한 신경 손상과 중독을 유발할 수 있어.

**대마**는 오래전부터 우리나라에서 재배하던 식물이야. 삼베옷을 만드는 삼이 바로 대마거든. 대마는 꽃과 잎에 환각 성분이 들어 있어. 이를 섭취하면 감각이 예민해지면서 환청이 들리거나 존재하지 않는 물체가 보이는 현상이 나타나. 반면, 뿌리와 씨앗, 성숙한 줄기에는 마약 성분이 거의 없어.

**양귀비꽃**은 굉장히 화려해. 검은 반점이 있는 붉은색 꽃이 가장 흔하고, 그다음으로 흰색과 분홍색이 많아. 이 꽃이 아직 덜 익어 초록색일 때, 봉우리 안에서 흰 액체가 나오는데, 이 액체를 말린 것이 바로 아편이야. 아편은 중독성이 강하고 환각 증세를 유발하지. 하지만 환각 성분이 없는 관상용 양귀비꽃은 검은 반점이 없고, 열매도 작고 도토리 모양을 띠고 있어서 쉽게 구별할 수 있어.

**코카 잎**은 남미 안데스 지역에서 자라는 식물이야. 코카 잎은 강한 중독성을 가지고 있어. 식민지 시대에 스페인 정복자들은 노예들에게 밥 대신 코카 잎을 주었어. 코카 잎을 먹으면 배고픔을 느끼지 않고 계속 노동을 할 수 있었기 때문이야. 코카 잎에서 추출한 물질이 바로 코카인이야. 코카인은 강력한 각성 작용을 가지고 있어서, 사용하면 신경계를 마비시키고 심장을 과도하게 뛰게 만들어 생명을 위협하는 위험한 마약이야.

이런 환각성 식물들에 한 번 중독되면 끊기가 어렵고, 지속적으로 신경계를 손상시키고, 심각한 부작용을 초래할 수 있기 때문에 절대 사용해서는 안 돼!

# 5

# 길은 반드시 있다

# 거미에게 잡혀간 종서

우리는 종서를 찾기 위해 주변을 둘러보았어.
"여기 종서 안경이 있어."
거실 바닥에 종서의 검은색 뿔테 안경이 있었어. 종서가 이곳을 지나간 흔적이야. 대체 어디로 간 거지?
나는 종서를 구하기 위한 힌트를 얻을 수 있을까 하는 생각에 편지를 꺼내 읽어 보았어.

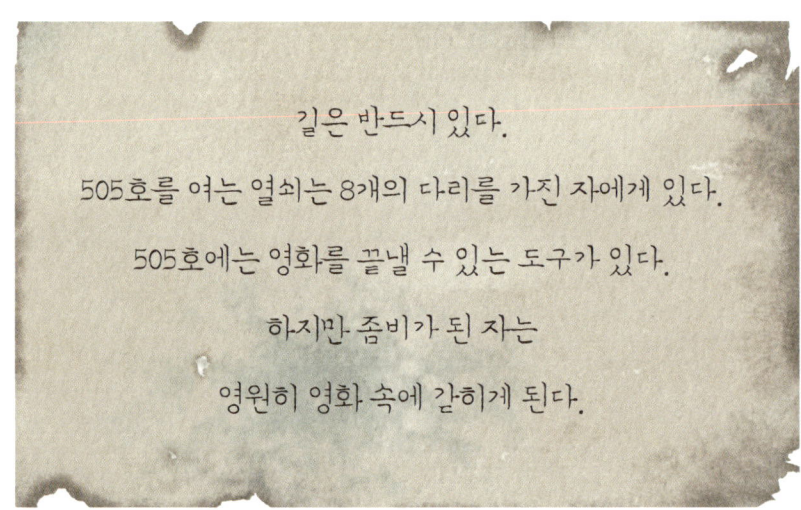

길은 반드시 있다.
505호를 여는 열쇠는 8개의 다리를 가진 자에게 있다.
505호에는 영화를 끝낼 수 있는 도구가 있다.
하지만 좀비가 된 자는
영원히 영화 속에 갇히게 된다.

뿡, 뿌웅.

주영이가 울먹이며 방귀를 뀌었어.

"하… 할아버지, 만약 종서가 좀비가 되면 정말로 영화 속에 갇히게 되는 거예요?"

할아버지가 난감한 표정으로 대답했어.

"그럴 일은 없을 거다. 반드시 종서를 찾아야지."

"살려 주세요…."

그때 어디선가 희미하게 종서의 목소리가 들렸어.

"잠깐만요. 종서 목소리 같아요."

"엉엉, 살려 주세요!"

"분명 종서 목소리야!"

나는 소리를 찾아 귀를 쫑긋했어. 옆집과 맞닿은 벽에 귀를 대 보니 종서의 목소리가 작게 들리는 거야!

"옆집이에요! 얼른 종서를 구하러 가요."

우리는 현관문 쪽으로 곧장 달려갔어.

"어? 문이 없어 유나야!"

이상하게도 현관문이 있어야 할 자리에 아무것도 없었어. 문이 없는 집이라니?

"비밀의 문이잖아!"

할아버지가 벽을 밀자 숨겨진 문이 스르르 열렸어.

나는 본드를 주머니에 챙겨 넣고 할아버지를 따라 어둡고 축축한 통로를 걸어갔어. 그러다 옆집으로 이어지는 문을 발견했지. 우리는 좀비가 튀어나올까 봐 숨을 꾹 참고 문을 살짝 열었어. 그랬더니 거기에 종서가 있는 거야! 천장의 거미줄에 꽁꽁 묶여 있었지. 그 옆에는 괴물 거미가, 아래에는 좀비들이 침을 흘리며 서성거렸어.

"으악! 좀비들이 잔뜩 몰려 있어요. 어떡해요."

주영이가 할아버지에게 속삭였어.

"이럴 때일수록 침착해야 한다. 하늘이 무너져도 솟아날 구멍은 있는 법이니까."

그 순간 거미줄이 눈에 들어왔어.

"뭔가 좋은 생각이 떠오를 것 같은데…."

할아버지가 이리저리 눈을 굴렸어.

거미줄에 손이 묶인 종서에게 거미가 천천히 다가가기 시작했어. 아래쪽 좀비들은 쿵쿵거리며 점점 더 흥분했어.

"할아버지, 종서가 위험해요!"

한참 고민하던 할아버지는 독말풀꽃을 꺼내 있는 힘껏 거미줄에 던졌어. 꽃이 거미줄에 걸려 대롱대롱 매달렸지.

"됐다. 여기 있는 독말풀꽃을 저 거미줄에 던져서 걸어야 해. 다들 있는 힘껏 던지렴."

할아버지의 말대로 우리는 온 힘을 다해 독말풀꽃을 던졌어. 독말풀꽃이 잔뜩 걸린 거미줄은 마치 화려한 꽃 장식처럼 보였어.

거미는 거미줄에 걸린 꽃에 다가가 냄새를 맡았어. 꽃을 바라보며 한 입 깨물기까지 하더라고. 하지만 거미는 멈추지 않고 계속 종서를 향해 움직였어.

그러다 갑자기 거미의 속도가 느려지더니 휘청거리기 시작하는 거야!

"거미가 독말풀의 환각 성분에 걸려든 것 같아."

할아버지는 챙겨 두었던 거미줄을 꺼내 크게 펼쳤어.

"이번에는 좀비들에게 줄 선물이다. 내가 그물 낚시를 제법 잘하거든. 이 거미줄로 좀비들을 꼼짝 못 하게 낚아야겠다."

할아버지는 좀비들을 향해 거미줄을 힘껏 던졌어. 할아버지가 던진 거미줄은 좀비들의 머리 위로 정확히 내려앉았어.

당황한 좀비들은 우왕좌왕하며 손을 뻗었어. 그럴수록 거미줄에 더욱 꽁꽁 감겨 버렸어. 좀비들은 서로 엉킨 채 혼란에 빠졌어.

이때 독말풀을 먹은 거미가 다시 휘청거리더니 거미줄에 갇힌 좀비들 머리 위로 툭 떨어졌어. 그리고는 본능적으로 거미줄을 뿜어내기 시작했어. 좀비들은 거미줄에 묶여 미라처럼 변해갔어.

"아! 초강력 본드!"

나는 얼른 조심스럽게 다가가 거미줄에 본드를 뿌렸어.

"유… 유나야! 거미가 다시 움직여. 너한테 다가가고 있어!"

주영이의 말대로 거미가 천천히 나를 향해 다가왔어.

"이쪽으로 와 주면 고맙지. 괴물 거미야, 이쪽이야. 어서 와."

거미는 결국 내가 뿌린 본드에 다리가 달라붙어 꼼짝할 수 없게 됐어.

"종서야, 괜찮아?"

"응, 난 괜찮아. 어서 이것 좀 풀어 줘."

그때 구리가 거미줄 위로 폴짝 뛰어올랐어.

야옹!

구리가 날카로운 발톱으로 종서를 묶고 있던 거미줄을 끊어 냈어.

"휴, 정말 악몽이었어. 너희 덕분에 살았어."

종서가 안도의 숨을 내쉬었어.

"이제 505호 열쇠를 찾자. 다시 좀비에게 당할 수 없지. 좀비에게 잡아먹힐 뻔했다고! 난 다시 사는 거야."

겁먹지 않고 더 강해진 종서를 보고 우리도 결의를 다졌어.

"8개의 다리를 가진 자라고 했지. 거미를 말하는 거야."

나는 본드에 붙어 움직이지 못하는 거미에게 다가갔어. 가만히 보니 거미의 입에서 반짝이는 뭔가가 보였어.

"열쇠야!"

"거미 입속에 열쇠가 있어. 어떻게 꺼내지? 잘못하면 물릴 것 같아."

주영이가 말하자 종서가 고개를 끄덕였어.

"내 가방에 대형 자석이 있어. 열쇠는 철로 만들었으니까 자석을 이용해서 꺼낼 수 있을 거야."

할아버지는 거미에게 다가가 자석을 댔어. 그러자 열쇠가 자석에 붙었고, 우리는 재빨리 열쇠를 챙겨 밖으로 빠져나왔어.

## 505호의 이상한 텔레비전

할아버지가 열쇠를 505호 열쇠 구멍에 넣고 돌리자 딸각하는 소리와 함께 문이 열렸어.

"왜 이렇게 어둡지?"

암막 커튼으로 모든 창문이 가려져 빛이 조금도 들어오지 않았어. 앞이 안 보이니까 더 무서워서 식은땀이 났어.

"유나야, 시계에 플래시 기능이 있으니 그걸 켜 보렴."

나는 할아버지의 조언을 듣고 홀로그램 시계의 버튼을 눌러 플래시를 켰어. 그제서야 주변이 어렴풋이 보였어.

"잠깐, 무슨 소리 안 들려? 웅웅 거리는 소리 말이야."

귀를 쫑긋 열고 집중해 보니 주영이의 말대로 나지막한 소리가 들려왔어. 우리는 소리가 나는 방향으로 조심스레 걸음을 옮겼어. 먼저 간 할아버지는 우리에게 잠깐 멈추라고 지시했어. 곧이어 끼익 문 여는 소리가 났어.

방문을 살짝 열어 보니 화면이 켜진 텔레비전이 하나 놓여 있었어. 웅웅 거리는 소리의 정체였지.

이… 이게 뭐야.
텔레비전에 우리 모습이 나오고 있어!

"뭐야? 저기에 왜 우리가 나오는 거지?

불현듯 '505호로 가서 영화를 끝내야 한다'는 첫 번째 편지의 내용이 떠올랐어.

"맞아! 우리는 지금 영화 속에 들어와 있잖아! 이 영화를 끝내려면 저 텔레비전을 끄면 되는 거 아닐까?"

할아버지는 전원 버튼을 찾기 위해 텔레비전을 구석구석 살펴보았어. 하지만 어디에도 전원 버튼은 보이지 않았어. 리모컨도 찾을 수 없었지.

"전원 버튼도 없고 리모컨도 보이지 않아. 큰일이야."

그때 구리가 날카롭게 울었어. 나는 어둠 속에서 검은 그림자가 다가오는 것을 보고 너무 놀라 소리쳤어.

"좀비잖아! 어떡해!"

키가 크고 헝클어진 머리에 온몸이 근육질인 거대한 좀비가 성큼성큼 다가오고 있었어.

"으아아으아!"

괴성을 내며 다가오는 좀비를 보니 다리가 얼어붙는 것 같았어. 뿌웅. 주영이는 방귀를 뀌며 그대로 주저앉아 버렸어. 할아버지는 언제 꺼내 들었는지 거미줄을 쫙 펼쳐 좀비를 향해 던졌어.

"어디, 그물 맛 좀 봐라."

하지만 좀비는 날아오는 거미줄을 커다란 손으로 단숨에 잡더니 보란 듯이 찢어버렸어.

"으악. 엄청난 힘이야."

우리는 부엌 쪽으로 달아났어. 부엌에 들어가니 싱크대 수도꼭지에서 물이 한 방울씩 똑똑 떨어지고 있었어.

"이거야!"

나는 재빨리 수도꼭지를 틀어 달려드는 좀비의 얼굴에 물을 뿌렸어. 그런데 예상과는 달리 좀비의 팔다리 근육이 울퉁불퉁 부풀어 오르더니 오히려 더 흥분해서 소리를 지르며 웃는 거야.

"으하하하하!"

"헉! 왜 아무렇지도 않은 거지?"

좀비의 반응에 너무 놀라 바닥에서 미끄러질 뻔했어.

'아, 이대로 좀비가 되는 건가?'

그때 구리가 재빠르게 달려와 좀비를 할퀴었어. 날카로운 발톱에 찢긴 상처에서 피가 흘러나왔어.

"하…. 어떡해."

우리는 망연자실한 얼굴로 부서진 리모컨을 말없이 바라봤어.

좀비는 입술을 씰룩거리더니 우리를 향해 성큼성큼 다가왔어. 다리가 후들거릴 정도로 무서웠어. 할아버지와 종서가 뿡뿡 방귀를 뀌며 주저앉은 주영이를 부축해 베란다 쪽으로 몸을 피했어.

"할아버지, 다리에 힘이 안 들어가요. 무서워요. 엉엉."

"베란다로 도망칠 방법이 있는지 찾아보자꾸나! 유나야, 커튼을 걷으렴!"

우리는 밖으로 달아날 방법을 찾기 위해 암막 커튼을 확 젖혔어. 그러자 눈부신 빛이 쏟아져 들어와 방안을 가득 채웠어.

"으으윽!"

우리를 향해 다가오던 좀비는 온몸을 비틀며 괴로워했어. 그러더니 헐레벌떡 몸을 돌려 텔레비전이 있는 방으로 도망치는 거야!

"어떻게 된 일이지?"

# 영화 속 영화

"이제까지 만났던 좀비와는 완전히 달라. 큰일이야."

"물에도 끄떡없고, 질긴 거미줄도 단숨에 끊어 버리는 좀비라니! 이게 말이 돼?"

종서와 주영이가 놀란 가슴을 진정시키며 말했어.

"아까 좀비가 빛을 싫어하는 것 같았죠?"

내 물음에 할아버지가 말했어.

"응, 그게 약점인 것 같구나."

"그럼 뭐 해. 지금도 저 안에서 우리를 보고 있을 텐데. 우리의 모습이 저 텔레비전에 그대로 영화처럼 나오고 있잖아."

주영이 말대로 누군가 우리를 지켜보고 있다고 생각하니 등골이 오싹했어.

"리모컨도 부서졌으니 집으로 다시 돌아가기 힘들 것 같아. 좀비에게 물려 좀비가 되거나 죽을 때까지 도망 다니는 수밖에 없어."

주영이가 절망적인 목소리로 말했어. 모든 게 처음으로 돌아가 버린 것만 같았어.

"밤이 되면 저 좀비가 다시 나올 텐데, 그땐 어떡해?"

주영이는 주저앉아 울먹였어. 거미에게 잡혀 가고도 씩씩했던 종서도 지친 기색이 역력했어.

구리가 현관문 앞에서 야옹야옹 울기 시작했어.

"문 좀 열어 주세요!"

현관 밖에서 들리는 익숙한 목소리에 문을 열어 보니 파란 셔츠를 입은 아저씨가 서 있는 거야.

"아까 우리가 만난 좀비 아저씨잖아?"

"아니, 복도에 좀비들이 가득했을 텐데 여기까지 어떻게 왔어요?"

할아버지가 걱정스러운 얼굴로 물었어.

"저에게 새로운 목숨을 주셨잖아요. 저도 도움을 드리고 싶어서 왔어요. 치료제 덕분인지 좀비에게 물렸는데도 괜찮더라고요. 덕분에 여기까지 올 수 있었어요."

아저씨는 환하게 웃으며 말했어.

"지금 좀비가 텔레비전으로 우리를 지켜보고 있어요!"

종서가 초조한 목소리로 중얼거렸어.

"알아요. 우리 집 텔레비전에도 여러분 모습이 나오거든요. 걱정돼서 내내 지켜보다가 리모컨을 가지고 왔어요."

"아저씨 집 텔레비전 리모컨이요?"

나의 의아한 표정에 아저씨가 싱긋 웃으며 설명을 이어 갔어.

"이 텔레비전은 아파트에서 공동으로 구매한 거예요. 리모컨 하나로 다른 집에서도 사용할 수 있죠."

"아, 그럼 그 리모컨으로 저 텔레비전도 끌 수 있겠네요!"

내 말에 종서가 기운을 차리고 말했어.

"이제 집으로 돌아갈 수 있는 거야, 우리?"

희망이 보이기 시작했어.

그때 구리가 방을 향해 날카롭게 소리를 질렀어.

이럴 수가! 암막 커튼을 뒤집어 쓴 좀비가 문을 열고 나왔어. 커튼으로 온몸을 감싼 모습이 꼭 유령 같았지.

"좀비야! 피해!"

좀비는 리모컨을 쥔 아저씨를 향해 돌진했어. 그 순간 종서가 재빨리 달려가 좀비의 다리를 걸어찼어. 좀비는 그대로 바닥에 나자빠졌고, 할아버지는 잽싸게 좀비가 두르고 있던 암막 커튼을 벗겨 냈어.

"아아아악!"

좀비는 괴로워하며 몸부림치기 시작했어. 좀비가 다시 일어나려는 순간, 종서가 거미줄을 좀비의 두 다리에 걸었어.

"아저씨, 얼른 텔레비전을 꺼 주세요!"

아저씨가 리모컨을 쥐고 방으로 다가가 전원 버튼을 눌렀어. 그러자 천장이 빙글빙글 돌더니 좀비가 텔레비전 속으로 소용돌이치며 빨려 들어가기 시작했어.

"으아아아!"

그와 동시에 내 몸도 붕 떠오르는 것 같았어. 순간 정신이 아득해졌어.

# 좀비 아파트, the end

정신을 차리자 상영관 화면에는 영화의 끝을 알리는 자막이 올라가고 있었어. 주영이와 종서는 옆 자리에 앉아 지친 듯 눈을 감고 있었지.

"주영아, 종서야, 눈을 떠 봐. 우리 다시 돌아온 거 맞지?"

눈을 뜬 주영이와 종서는 서로를 보며 기뻐했어. 할아버지는 뒷좌석에 앉아 우리를 보며 따뜻하게 웃고 계셨어.

"긴 영화를 보고 나니 너무 배가 고프구나. 나가서 같이 치킨이나 먹을까?"

우리는 환호성을 질렀어.

"어? 좀비 아저씨!"

주영이가 뒷자석에 앉은 아저씨와 구리를 보고 반갑게 손을 흔들었어. 구리도 야옹 하고 기분 좋게 인사해 주었어.

"이제 나가자. 근육 좀비가 다시 나타날까 무서워."

서둘러 일어서려는 주영이를 보며 종서가 장난스럽게 말했어.

"주영아, 유나야. 우리 다른 상영관에 가서 영화 한 편 더 볼까?"

주영이는 고개를 절레절레 흔들며 종서의 손을 잡고 뒤도 돌아보지 않은 채 영화관 밖으로 뛰쳐나갔어.

오랜만에 오싹오싹한 공포 체험을 했어. 한동안 이 기억이 머릿속에서 떠나지 않을 것 같아.

## 오싹오싹 과학관 미스터리를 밝혀라!

### Q. 포유류의 뇌를 조종하는 기생충이 있다고요?

'톡소포자충'은 뇌를 조종하는 능력을 가진 기생충이야. 이 기생충에 감염된 수컷 쥐는 고양이 냄새를 맡아도 도망치지 않고, 오히려 고양이에게 더 끌리는 성향을 보여. 마치 수컷 쥐가 고양이에게 사랑에 빠진 것처럼 행동하는 거야.

이런 행동을 하는 이유는 톡소포자충이 쥐의 뇌에서 공포나 불안을 완화하는 '가바(GABA)'라는 신경 전달 물질을 분비하게 만들고, 호기심을 유발하는 도파민을 비정상적으로 증가시키기 때문이야. 감염된 쥐는 고양이를 무서워하기는커녕 오히려 호기심을 갖고 다가가게 돼. 결국 고양이에게 잡아먹히면서 기생충이 고양이 몸속으로 들어가 번식할 수 있도록 하는 거지.

더욱 흥미로운 건, 톡소포자충이 수컷 쥐의 테스토스테

찍찍. 내 몸에 톡소포자충 있다! 무서울 게 없다고!

론 생산을 증가시켜 성격을 대담하게 만들고, 이를 통해 암컷 쥐에게도 감염을 확산시킨다는 사실이야.

### 사람도 감염될 수 있을까?

더 놀라운 사실은 톡소포자충에 사람도 감염될 수 있다는 거야. 건강한 사람은 면역 체계가 이 기생충과 싸워 이기기 때문에 별다른 증상이 없지만, 면역력이 약한 사람은 기침이나 호흡 곤란 같은 증상을 보일 수 있어. 만약 기생충이 뇌에 침범하면 두통, 경련, 의식 장애가 나타날 수도 있어서 항생제를 처방받아야 해.

이 기생충은 주로 고양이의 대변을 통해 전파돼. 하지만 집에서 사료를 먹고 자란 반려 동물은 감염될 확률이 매우 낮으니 걱정하지 않아도 돼.

## 오싹오싹 과학관 미스터리를 밝혀라!

### Q. 사람의 뇌에도 좀비 세포가 있다?

좀비들은 이곳저곳을 떠돌며 사람들을 물어뜯어 감염시켜. 그런데 놀랍게도 우리 몸속에도 좀비처럼 떠도는 세포가 있어. 바로 '좀비 세포'야.

정상적인 세포들은 분열을 통해 태어나고, 일정 시간이 지나면 분열을 멈추고 자연스럽게 죽어. 손상된 세포 역시 스스로 사멸하고 면역 세포에 의해 제거되지. 이렇게 세포들은 균형을 지키며 우리 몸을 건강하게 유지하는 역할을 해.

하지만 좀비 세포는 죽어야 하는데도 사라지지 않고 몸속을 떠돌면서 문제를 일으켜. 완전히 죽지도 않고 살아 있지도 않은 상태로 남아 주변 정상 세포에 염증 물질을 내보내거든. 결국 다른 세포들까지 전염되면서 노화와 질병을 촉진하는 거지.

좀비 세포는 단순히 몸속을 떠도는 것만이 아니라 암, 알츠하이머, 골다공증 같은 다양한 퇴행성 질환을 유발해. 뇌에서도 염증 물질을 분비해 건강한 신경 세포를 손상시키고, 기억력 저하와 치매를 일

으키는 원인이 될 수 있어.

더 놀라운 건, 단 하나의 좀비 세포가 무려 15,000개 의 정상 세포를 전염시켜 기능을 잃게 만든다는 점이야. 마치 좀비가 물린 사람을 좀비로 만드는 것처럼 말이지.

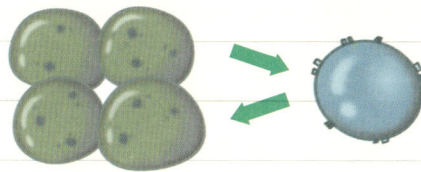

좀비 세포　　　　　정상 세포

### 좀비 세포를 제거할 방법은 없을까?

과학자들은 노화 연구를 통해 좀비 세포를 제거하는 실험을 진행 중이야. 신경 세포가 손상된 쥐의 뇌에서 좀비 세포를 없앴더니 염증이 사라지고 기억력이 되살아나는 현상이 확인되었어.

이 연구가 발전하면 미래에는 노화를 늦추고 퇴행성 질환을 예방할 방법이 나올 수도 있겠지. 우리 몸속 좀비와의 전쟁은 이미 시작되었어!

# 오싹오싹 과학 미스터리
### ❸ 좀비 아파트

1판 1쇄 펴냄 | 2025년 8월 5일

글      | 국립과천과학관 정은경
그   림 | 김완진
발행인 | 김병준 · 고세규
편   집 | 박준영 · 이지혜
디자인 | 김경민
마케팅 | 김유정 · 신예은 · 최은규
발행처 | 상상아카데미

등록 | 2010. 3. 11. 제313-2010-77호
주소 | 서울시 마포구 독막로6길 11, 우대빌딩 2, 3층
전화 | 02-6953-7790(편집), 02-6925-4188(영업)
팩스 | 02-6925-4182
전자우편 | main@sangsangaca.com
홈페이지 | http://sangsangaca.com

ⓒ 국립과천과학관 정은경, 김완진, 2025

* 이 책은 저작권법에 의해 보호를 받는 저작물이므로
  저자와 출판사의 허락 없이 내용의 일부를 인용하거나 발췌하는 것을 금합니다.
* 책값은 뒤표지에 있습니다.
* 잘못된 책은 구입하신 서점에서 교환해 드립니다.
* KC마크는 이 제품이 공통안전기준에 적합하였음을 뜻합니다.

ISBN  979-11-93379-57-8  74400